TRAMWAYS

LÉGISLATION

ET

JURISPRUDENCE LES CONCERNANT

PAR

ED. GUILLAUME

PARIS

LIBRAIRIE

LES
TRAMWAYS

LÉGISLATION

ET

JURISPRUDENCE LES CONCERNANT

PAR

EUG. GUILLAUME

SOUS-DIRECTEUR AU MINISTÈRE DE L'INTÉRIEUR

PARIS

BERGER-LEVRAULT ET Cie, LIBRAIRES-ÉDITEURS

5, RUE DES BEAUX-ARTS, 5

MÊME MAISON A NANCY

1884

(*Extrait de la* Revue générale d'administration.)

LES TRAMWAYS

Législation et jurisprudence les concernant.

Les tramways, désignés quelquefois sous le nom de chemins de fer américains, sont des voies de communication composées de bandes ou rails métalliques placés sur d'autres voies de communication pour recevoir les roues des voitures ou wagons et en faciliter le mouvement.

Les tramways sont publics ou privés. Les tramways publics sont à l'usage de tous, moyennant une rémunération, pour le transport des personnes ou des choses. Les tramways privés sont affectés exclusivement aux besoins de certains établissements agricoles, industriels ou commerciaux. Nous nous proposons de présenter, dans un ordre logique, avec les explications nécessaires, les principales dispositions législatives et réglementaires qui constituent le régime des tramways publics. Nous nous bornons, en ce qui touche les tramways privés, à faire remarquer qu'ils ne peuvent être placés sur une voie publique de communication qu'en vertu d'une autorisation administrative; que cette autorisation, essentiellement précaire et révocable, rentre dans la catégorie des simples permissions de voirie; enfin, qu'il appartient aux préfets ou aux maires, selon le caractère de la voie que les tramways doivent emprunter, d'accorder une pareille autorisation, quand elle n'entraîne pas de sérieux inconvénients au point de vue de la circulation ordinaire, sauf à la subordonner aux conditions réclamées par l'intérêt général et à l'observation des règlements régissant les véhicules ou les moteurs que le permissionnaire voudrait employer[1].

1. Le ministre de l'intérieur a adressé des instructions dans ce sens aux préfets du Var et de l'Aveyron, les 16 février, 10 et 26 août 1876.

I.

Origine des tramways. — Ressemblances et différences principales entre les tramways et les chemins de fer. — Utilité des tramways. — Renseignements statistiques.

L'origine des tramways se confond avec celle des chemins de fer. Elle remonte aux rails ou bandes de bois dont il était fait usage en Angleterre, vers le milieu du xviie siècle, pour rendre plus facile la traction des véhicules employés à l'exploitation des mines.

Les tramways, comme les chemins de fer, ont pour éléments essentiels des rails métalliques destinés à faciliter la circulation des voitures ou wagons. A cet égard, ils ressemblent aux chemins de fer. Ils en diffèrent au point de vue de l'emplacement formant leur assiette et de la manière dont les rails sont posés. En effet, généralement les tramways sont établis sur d'autres voies de communication servant à la circulation ordinaire et dont ils deviennent, en quelque sorte, les accessoires, tandis que les chemins de fer ont une assiette exclusive et constituent des voies uniques ou indépendantes. D'un autre côté, sur presque tous les points du parcours de la voie, les rails des chemins de fer sont en saillie ; ceux des tramways, au contraire, surtout dans l'intérieur des agglomérations d'habitations, sont communément au niveau du sol, pour ne pas entraver la circulation ordinaire. Une autre différence se présente fréquemment. Elle consiste dans le moteur des voitures ou wagons.

Ce moteur est presque toujours mécanique sur les chemins de fer. Sur les tramways, c'est le plus souvent le cheval ou un autre animal de trait. Nous ajouterons que les véhicules d'un chemin de fer prennent rarement le nom de la voie sur laquelle ils circulent, tandis que ceux d'un tramway sont habituellement désignés sous le nom de cette voie. Enfin, bien que les tramways, considérés comme voies de communication, se trouvent rangés dans la grande voirie avec les chemins de fer et soient régis en des cas nombreux par les mêmes règles ou des règles analogues, ils sont soumis, sur beaucoup de points, à un régime spécial qui diffère de celui des chemins de fer.

Les tramways n'ont ni l'importance ni l'utilité des chemins de fer.

Cependant ils contribuent, dans une large mesure, à la facilité et à la multiplicité des communications locales, rapides et économiques. Ils offrent ou peuvent offrir, pour un parcours d'une certaine étendue, à l'agriculture, au commerce et à l'industrie des moyens de transport plus prompts et moins dispendieux que ceux de la circulation ordinaire. Ils figurent donc avec les chemins de fer, à un rang plus ou moins éloigné de ces chemins, parmi les instruments précieux de civilisation, de progrès et de prospérité.

Les tramways se sont développés beaucoup plus lentement que les chemins de fer. Ils n'ont pris un développement considérable en France qu'à partir de 1873. Ils n'existaient qu'en nombre très restreint à la fin du second Empire [1].

L'administration centrale des travaux publics a fait paraître au *Journal officiel* du 26 mai 1883, des renseignements statistiques sur cinquante-neuf lignes de tramways qui étaient exploitées en 1882. La concession de quatre de ces lignes remontait à 1854 et 1855. Les cinquante-cinq autres avaient été concédées de 1873 à 1882. Les cinquante-neuf lignes présentaient un développement de 595 kilomètres 511 mètres, sur lesquels 532 kilomètres 493 mètres étaient exploités à la fin de l'année 1882. Elles s'étendaient sur seize départements : Bouches-du-Rhône, Gironde, Hérault, Indre-et-Loire, Loire-Inférieure, Loiret, Meurthe-et-Moselle, Nord, Pas-de-Calais, Rhône, Seine, Seine-Inférieure, Seine-et-Oise. Les principales villes qu'elles desservaient étaient : Béziers, Bordeaux, Boulogne-sur-Mer, Calais, Dunkerque, le Havre, Lille, Lyon, Marseille, Nancy, Nantes, Orléans, Paris, Roubaix, Rouen, Tours, Valenciennes, Versailles. Les dépenses de premier établissement de ces cinquante-neuf lignes s'élevaient, à la même époque, à la somme de 113,572,576 fr.

Il existait, au commencement de l'année 1883, un nombre assez considérable d'autres tramways concédés qui n'étaient pas encore exploi-

---

1. Six tramways avaient été autorisés par décrets sous le nom de voies ferrées à traction de chevaux :

Le premier, de Vincennes au pont de Sèvres et au rond-point de Boulogne (décret du 18 février 1854) ;

Le second, entre la station de Rueil et Port-Marly (décr. du 15 juill. 1854) ;

Le troisième, de Sèvres à Versailles (décr. du 28 avril 1855) ;

Le quatrième, de Rennes à Moidrey [Ille-et-Vilaine] (décr. du 14 mars 1855) ;

Le cinquième, de Clermont à Riom [Puy-de-Dôme] (décr. du 26 août 1857) ;

Le sixième, dans la commune d'Outreau [Pas-de-Calais] (décr. du 15 oct. 1862).

tés, ou sur lesquels le ministre des travaux publics n'était pas en mesure de publier des états statistiques [1].

II.

Régime légal des tramways. — Principaux textes législatifs et réglementaires qui le constituent.

La création, l'exploitation et la suppression des tramways ont été, jusqu'en 1880, soumises à de simples règles de jurisprudence déduites des principes généraux de la législation. D'après ces règles, consacrées par plusieurs avis du Conseil d'État, les tramways, affectés au transport soit des personnes, soit des marchandises, ne pouvaient être établis et exploités qu'en vertu d'un décret rendu après enquête et dans les formes des règlements d'administration publique (Conseil d'État, avis des 22 février 1872 et 9 mars 1876). Le décret déclarait d'utilité publique la création de la ligne ou du réseau projeté. Il concédait l'entreprise tantôt à un département ou à une ville, tantôt à un particulier ou à une compagnie. Le plus souvent, le département ou la ville qui l'avait obtenue la rétrocédait à des entrepreneurs. La rétrocession n'était valable qu'autant qu'elle était approuvée par un décret en Conseil d'État. L'approbation de la rétrocession pouvait d'ailleurs être donnée par le décret qui accordait la concession. Lorsque la concession était accordée directement à un particulier ou à une compagnie, si les tramways devaient être établis non sur les routes nationales, mais sur les routes départementales ou sur les voies purement communales, le Gouvernement ne pouvait autoriser l'entreprise sans l'assentiment du département ou de la commune propriétaire de ces routes ou de ces voies, à moins qu'il ne les classât parmi les routes nationales, ou qu'il ne les expropriât pour cause d'utilité publique (Conseil d'État, avis du 9 mars 1876). Mais, quand la concession était sollicitée par un des départements ou une des communes intéressées, l'opposition des autres ne pouvait l'empêcher (Conseil d'État, section des travaux publics, avis du 9 août

---

1. Voyez, sur la situation des tramways en Angleterre et en Allemagne, les renseignements statistiques insérés dans la *Revue générale d'administration* de février et avril 1883, p. 212 et 464.

1875). La durée de la concession était ordinairement de quarante ans.
Celle de la rétrocession pouvait être moindre.

Il était stipulé, dans le cahier des charges, que la concession serait
toujours révocable intégralement ou partiellement. La révocation,
d'ailleurs, ne pouvait avoir lieu que dans les formes suivies pour la
concession.

Le tarif des redevances que le concessionnaire était autorisé à percevoir, pour les frais d'établissement, d'entretien et d'exploitation, était
fixé par le cahier des charges. Il était ordinairement revisable tous les
cinq ans.

Le Gouvernement se réservait la faculté de permettre à des entreprises nouvelles de circuler sur les mêmes rails, à la condition de payer
un péage aux concessionnaires primitifs.

Il stipulait, en outre, conformément à l'avis du Conseil d'État du
9 mars 1876, même dans le cas où les tramways devaient emprunter
le sol de voies départementales ou communales, qu'à l'expiration de la
concession, l'État serait subrogé à tous les droits des concessionnaires
sur les tramways et leurs dépendances existant sur la voie publique;
que les concessionnaires seraient tenus de lui remettre le tout dans de
bonnes conditions d'entretien et sans indemnité.

Quant aux autres objets immobiliers ou mobiliers servant à l'exploitation des tramways, le Gouvernement réservait à l'État le droit de les
reprendre en totalité ou en partie, à dire d'experts, mais sans pouvoir
y être contraint.

.Dans le cas où le Gouvernement ne voulait pas se prévaloir de toutes
ces stipulations et décidait que les tramways seraient supprimés intégralement ou partiellement, les concessionnaires étaient tenus d'enlever
les voies ferrées supprimées et de remettre les lieux dans leur premier
état, sans pouvoir prétendre à aucune indemnité.

Les traités de rétrocession ne devaient pas contenir de clauses déro-
geant à celles du cahier des charges de la concession. Les villes étaient
admises parfois à y introduire, à leur profit, la stipulation d'une redevance à titre de droit de stationnement, dans les conditions prévues
par les lois des 11 frimaire an VII (art. 7) et 18 juillet 1837 (art. 31).

Les diverses règles qui viennent d'être rappelées ont été maintenues,
modifiées ou complétées par la loi du 11 juin 1880, sur les chemins de
fer d'intérêt local et les tramways. Cette loi, indépendamment de prescriptions concernant exclusivement les chemins de fer d'intérêt local

ou les tramways, contient un certain nombre de dispositions communes aux uns et aux autres. Elle déclare, en outre, applicable aux tramways la loi du 15 juillet 1845 sur la police des chemins de fer d'intérêt général, à l'exception des articles 4, 6, 7, 8, 9 et 10 [1].

Le régime légal actuel des tramways, en France, est constitué non seulement par la loi du 11 juin 1880, mais encore par les règlements d'administration publique rendus pour son exécution les 18 mai 1881, 6 août de la même année et 20 mai 1882.

Le premier de ces règlements indique les fonctionnaires auxquels sont adressées les demandes d'autorisation ou de concession de tramways, les documents qui doivent les accompagner et les formes de l'enquête à laquelle il est indispensable de procéder avant que l'autorité compétente statue sur les demandes.

Le second règlement détermine les conditions auxquelles doivent satisfaire les tramways au point de vue de leur construction, de la circulation des voitures et des trains. Il règle également les rapports entre le service des tramways et les autres services intéressés.

Le troisième concerne les subventions accordées par l'État, les départements ou les communes, pour l'établissement ou l'exploitation des tramways. Il arrête : 1° les justifications à fournir par les concessionnaires pour établir leurs recettes et dépenses annuelles ; 2° les conditions dans lesquelles sont fixés le chiffre de la subvention allouée par l'État, le département ou la commune et, s'il y a lieu, la part revenant à l'État, au département, à la commune ou aux intéressés, à titre de remboursement de leurs avances, sur le produit net de l'exploitation.

Un décret du 6 août 1881 a, en outre, après avis du Conseil d'État, approuvé un cahier des charges type pour la concession des tramways.

III.

Création des tramways. — Concession de l'établissement et de l'exploitation. — Autorisation. — Cahier des charges.

Il peut être établi sur les voies dépendant du domaine public national, départemental ou communal et sur les déviations des routes, rues

---

1. Les dispositions de la loi du 11 juin 1880 concernant les tramways présentent, sur plusieurs points, de l'analogie avec celles de la loi belge du 9 juillet 1875.

ou chemins faisant partie de ce domaine, des tramways à traction de chevaux ou de moteurs mécaniques. (Loi du 11 juin 1880, art. 26.)

Lorsqu'il y a concession de l'établissement et de l'exploitation, elle est accordée par l'État, si la ligne doit être établie intégralement ou partiellement sur une voie du domaine public national. Dans ce cas, la concession peut être faite aux villes ou aux départements intéressés avec faculté de rétrocession. (*Ibid.*, art. 27.)

La concession est accordée par le conseil général, au nom du département, quand la voie ferrée, sans emprunter une route nationale, doit être établie en tout ou en partie soit sur une route départementale, soit sur un chemin vicinal de grande communication ou d'intérêt commun, soit sur le territoire de plusieurs communes. (*Ibid.*, art. 27.)

Si la ligne doit s'étendre sur plusieurs départements, il y a lieu à l'application des articles 89 et 90 de la loi du 10 août 1871 (*ibid.*, art. 27). La concession, dès lors, dans cette hypothèse, ne peut être accordée que par la décision d'une commission interdépartementale, suivie de la ratification du conseil général de chacun des départements intéressés.

La concession est faite par le conseil municipal lorsque la voie ferrée doit être établie entièrement dans les limites territoriales de la commune, soit sur le sol d'une rue ne formant pas la traverse d'une route nationale ou départementale, d'un chemin vicinal de grande ou de moyenne communication, soit sur le sol d'un chemin vicinal ordinaire ou d'un chemin rural. (*Ibid.*, art. 27.)

Le département peut accorder la concession à l'État ou à une commune avec faculté de rétrocession; une commune peut agir de même à l'égard de l'État ou du département. (*Ibid.*, art. 28.)

Une concession ne fait pas obstacle à ce qu'il soit accordé des concessions concurrentes, à moins de stipulation contraire dans l'acte de concession[1]. (Loi du 11 juin 1880, art. 8 et 35.)

Aucune concession ne peut être faite qu'après une enquête dans les formes déterminées par un règlement d'administration publique (Loi

---

1. Toute exécution ou autorisation intervenant à la suite d'une construction de tramway et ayant pour objet la création d'une route, d'un chemin, d'une voie ferrée, d'un canal de navigation dans la contrée où est situé le tramway, ou dans une contrée plus ou moins éloignée, ne peut, en principe, donner ouverture à aucune demande en indemnité de la part du concessionnaire. (Règlement d'admin. du 6 août 1881, art. 43.)

du 11 juin 1880, art. 29). Ces formes ont été arrêtées par le règlement d'administration publique du 18 mai 1881.

Avant l'enquête, toute demande tendant à établir un tramway à traction de chevaux ou de moteur mécanique est adressée au ministre des travaux publics, lorsque la concession doit être accordée par l'État ; au préfet, lorsqu'elle doit être accordée par le conseil général ; au maire, lorsqu'elle peut l'être par le conseil municipal. (Règlement d'administration publique du 18 mai 1881, art. 1er.)

Elle doit être accompagnée d'un avant-projet comprenant : 1° un extrait de carte à l'échelle de $\frac{1}{80000}$; 2° un plan général des voies publiques à emprunter, ainsi que des déviations proposées, à l'échelle de $\frac{1}{10000}$; 3° un profil en long ; 4° des profils en travers ; 5° un plan à l'échelle de cinq millimètres par mètre de chacune des traverses que suivra le tramway. (*Ibid.*, art. 2.)

A l'avant-projet doit être joint un mémoire descriptif indiquant le but de l'entreprise, les avantages qu'on peut s'en promettre et les dépenses qu'elle entraînera. Il doit y être annexé le tarif des droits dont le produit serait destiné à couvrir les frais des travaux projetés. Différentes données doivent en outre être relatées dans un chapitre spécial du mémoire descriptif. Ces données consistent notamment à indiquer le genre de service auquel le tramway serait affecté, le mode d'exploitation projeté, avec arrêts seulement à certaines gares et haltes déterminées, ou bien avec arrêts en pleine voie, le mode de traction qui serait employé, les dispositions qui seraient prises à l'effet de maintenir l'accès des chemins publics ou particuliers, ainsi que des maisons riveraines, le *maximum* de la longueur des trains, le *maximum* de leur vitesse, le nombre *minimum* des trains qui seraient mis chaque jour à la disposition du public. (*Ibid.*, art. 3.)

La demande, après instruction, c'est-à-dire lorsque le fonctionnaire auquel elle doit être adressée a reconnu qu'elle est formée régulièrement, qu'elle est accompagnée de tous les documents ou renseignements nécessaires, est soumise à l'autorité à laquelle il appartient de faire la concession. Celle-ci décide s'il y a lieu de procéder à l'enquête. Quand elle s'est prononcée dans le sens de l'affirmative, le préfet prend un arrêté pour fixer le jour et les lieux où l'enquête sera ouverte, et pour nommer les membres de la commission. Cet arrêté est affiché dans toutes les communes de chacun des cantons que la ligne doit traverser. (*Ibid.*, art. 4.)

La commission d'enquête se compose de sept membres au moins et de neuf au plus, pris parmi les principaux propriétaires de terres, de bois, de mines, les négociants et les chefs d'établissements industriels.

Si la ligne ne doit pas sortir des limites d'une commune, la commission se réunit à la mairie de cette commune; si elle doit traverser plusieurs communes d'un même arrondissement, la commission se réunit à la sous-préfecture de cet arrondissement; si elle doit traverser plusieurs arrondissements d'un même département, la commission siège à la préfecture; si elle doit traverser deux ou plusieurs départements, il est nommé une commission par département, et chacune d'elle siège à la préfecture.

La commission désigne elle-même son président et son secrétaire. (*Ibid.*, art. 5.)

La demande, l'avant-projet, le mémoire descriptif et les registres destinés à recevoir les observations auxquelles peut donner lieu l'entreprise projetée restent déposés pendant un mois à la mairie de chaque chef-lieu de canton que la ligne doit traverser, ou à la mairie de la commune si la ligne ne doit pas sortir du territoire d'une commune.

En outre, le plan de chaque traverse est déposé pendant le même temps avec un registre spécial à la mairie de la commune traversée.

Ces diverses pièces sont fournies par le demandeur en concession et à ses frais. (*Ibid.*, art. 6.)

A l'expiration du délai d'un mois ci-dessus mentionné, la commission d'enquête se réunit sur la convocation du préfet, du sous-préfet ou du maire, suivant le lieu où elle doit siéger. Elle examine les déclarations consignées aux registres de l'enquête, entend les ingénieurs des ponts et chaussées et des mines employés dans le département, et, après avoir recueilli auprès de toutes les personnes qu'elle juge utile de consulter, les renseignements dont elle croit avoir besoin, elle donne son avis motivé tant sur l'utilité de l'entreprise que sur les diverses questions qui ont été posées par l'administration ou soulevées au cours de l'enquête.

Les observations de la commission, dont elle dresse procès-verbal, doivent être terminées dans un délai de quinze jours. (*Ibid.*, art. 7.)

Aussitôt que le procès-verbal de l'enquête est clos, et au plus tard à l'expiration du délai de quinzaine qui vient d'être mentionné, le président de la commission transmet au préfet le procès-verbal avec les registres et les autres pièces. (*Ibid.*, art. 8.)

Les chambres de commerce et, à défaut, les chambres consultatives des arts et manufactures des villes intéressées à l'exécution des travaux, sont appelées par le préfet à délibérer et à exprimer .leur opinion sur l'utilité et la convenance de l'entreprise.

Les procès-verbaux de leurs délibérations doivent être remis au préfet avant l'expiration du délai de quinzaine imparti à la commission d'enquête. (*Ibid.*, art. 9.)

Les conseils généraux des départements et les conseils municipaux des communes dont la ligne projetée doit traverser le territoire, convoqués au besoin en session extraordinaire, sont également appelés à émettre leur avis sur les mêmes objets lorsqu'il ne leur appartient pas de statuer sur la concession. (Loi du 11 juin 1880, art. 29. — Règlement d'administration publique du 18 mai 1881, art. 10.)

Lorsque toutes les formalités que nous venons de rappeler ont été remplies, ainsi que celles qui peuvent être nécessaires aux termes des lois et règlements sur les travaux mixtes, le préfet adresse, dans le plus bref délai possible, le dossier complet, avec l'avis des ingénieurs et son avis particulier, à l'autorité qui doit donner la concession; il joint à ce dossier le projet de cahier des charges de la concession. (Règlement d'administration publique du 18 mai 1881, art. 11.)

Un décret est indispensable pour autoriser l'établissement de tout tramway concédé ou non concédé. Il déclare en même temps les travaux d'utilité publique. Il doit nécessairement être précédé d'une enquête. Cette enquête est celle qui a lieu avant la concession, lorsque le tramway est concédé. Elle se fait dans les mêmes formes, quand il n'y a pas concession. Dans les deux cas, le décret est délibéré en Conseil d'État sur le rapport du ministre des travaux publics, après avis du ministre de l'intérieur. (Loi du 11 juin 1880, art. 29.)

Le cahier des charges de chaque concession est rédigé, en principe, conformément au modèle ou type approuvé par le décret présidentiel du 6 août 1881 rendu en Conseil d'État. Ce cahier des charges type indique les clauses à formuler en ce qui concerne :

1° La destination du tramway, la nature du moteur, le tracé et la construction de la ligne ou des lignes à établir.;

2° L'entretien et l'exploitation ; .

3° La durée, le rachat et la déchéance de la concession ;

4° Les taxes et conditions relatives au transport des voyageurs et des marchandises ;.

5° Les stipulations relatives à divers services, notamment au transport des fonctionnaires ou agents du contrôle, au transport des dépêches de la poste escortées ou non d'un convoyeur ;

6° Les frais de contrôle, le cautionnement, l'élection de domicile, les contestations au sujet de l'exécution ou de l'interprétation du cahier des charges, les frais d'enregistrement.

Toute dérogation ou modification apportée aux clauses du cahier des charges type doit être expressément formulée dans les traités concernant la concession.

Ces traités, dans tous les cas, sont soumis au Conseil d'État et annexés au décret autorisant l'établissement du tramway. (Loi du 11 juin 1880, art. 30.)

IV.

Acquisition de terrains dans l'intérêt des tramways.

Des acquisitions de terrains sont parfois nécessaires dans l'intérêt d'un tramway, soit pour élargir la voie publique destinée à lui servir d'assiette, soit pour dévier de cette voie le tramway dans certaines parties de son parcours.

Quand les acquisitions n'ont pas lieu à l'amiable, elles peuvent être opérées par expropriation, conformément à l'article 16 de la loi du 21 mai 1836 et à l'article 2 de la loi du 8 juin 1864, s'il s'agit de l'élargissement d'un chemin vicinal ou de la déviation d'une voie publique quelconque. (Loi du 11 juin 1880, art. 31.)

Il devrait être procédé à l'expropriation conformément à la loi du 3 mai 1841 si la voie à élargir était soit une route nationale ou départementale, soit une rue ne formant pas la traverse d'un chemin vicinal, et conformément à l'article 13 de la loi du 20 août 1881 s'il s'agissait d'un chemin rural.

Tous les terrains à occuper pour la construction du tramway et de ses dépendances, en dehors du sol des routes et chemins, pour le déplacement des voies de communication ou de cours d'eau, et en général pour l'exécution des travaux auxquels donne lieu l'établissement du tramway sont acquis et payés par le concessionnaire, à moins que l'autorité qui fait la concession n'ait pris l'engagement de fournir elle-même les terrains. (Règlement d'administration publique du 6 août 1881, art. 11.)

L'entreprise étant d'utilité publique, le concessionnaire est investi, relativement à l'exécution des travaux dépendant de sa concession, de tous les droits que les lois et règlements confèrent à l'administration pour l'acquisition des terrains par expropriation. Il demeure en même temps soumis à toutes les obligations qui dérivent, pour l'administration, de ces lois et règlements. (*Ibid.*, art. 12.)

V.

Travaux de construction et de réparation des tramways. — Bornage. — Entretien des tramways.

Aucun travail ne peut être entrepris sur le sol de la voie publique pour la construction d'un tramway dont l'établissement est autorisé, en principe par décret, qu'après qu'un projet d'exécution a été approuvé par l'autorité compétente.

Les projets d'exécution concernant la construction des tramways sont approuvés par le ministre des travaux publics lorsque la concession est accordée par l'État.

Ils sont approuvés par le conseil général quand la concession est accordée par le département.

Ils sont soumis à l'approbation du préfet, après avoir été acceptés par le conseil municipal, lorsque la concession est faite par une commune. (Loi du 11 juin 1880, art. 32. — Règlement d'administration publique du 6 août 1881, art. 1er.)

Chaque projet d'exécution comprend l'extrait de carte, le plan général, le profil en long, les profils en travers et les plans de traverses exigés pour l'enquête qui précède le décret autorisant l'établissement du tramway.

Il comprend, en outre :

1° Des profils en travers à l'échelle de $0^m,005$ par mètre, relevés en nombre suffisant, principalement dans les traverses et dans les parties où la voie publique empruntée n'a plus la largeur et le profil normal;

2° Un devis descriptif dans lequel sont reproduites, sous forme de tableaux, les indications relatives aux déclivités et aux courbes déjà données sur le profil en long ;

3° Un mémoire dans lequel toutes les dispositions essentielles du projet sont justifiées.

Le projet d'exécution est remis au préfet en deux expéditions dont l'une, après avoir été approuvée, est rendue au concessionnaire, tandis que l'autre demeure entre les mains du préfet.

Les projets comprenant les déviations en dehors des routes et chemins sont soumis à l'approbation du ministre des travaux publics pour ce qui concerne la grande voirie et les cours d'eau. Ils ne peuvent être adoptés par l'autorité qui a donné la concession, que sous la réserve des décisions prises ou à prendre sur ces objets par le ministre des travaux publics.

Avant, comme pendant l'exécution, le concessionnaire a la faculté de proposer aux projets les modifications qu'il juge utiles ; mais elles ne peuvent être exécutées qu'avec l'approbation de l'autorité qui a revêtu de sa sanction les dispositions à modifier.

De son côté, l'administration peut ordonner d'office les modifications dont l'expérience ou les changements à opérer sur la voie publique feraient reconnaître la nécessité.

En aucun cas, ces modifications ne peuvent donner lieu à indemnité. (Règlement d'administration publique du 6 août 1881, art. 1er.)

La position des bureaux d'attente et de contrôle qui peuvent être autorisés sur la voie publique, celle des égouts, de leurs bouches et regards, et des conduits d'eau et de gaz, doivent être indiquées sur les plans présentés par le concessionnaire, ainsi que tout ce qui serait de nature à influer sur la position de la voie ferrée et sur le bon fonctionnement des divers services qui peuvent en être affectés. (Règlement d'administration publique du 6 août 1881, art. 2.)

Le projet d'exécution indique le nombre des voies à établir sur les différentes sections des lignes concédées, ainsi que le nombre et la disposition des gares d'évitement. (*Ibid.*, art. 3.)

La largeur de la voie est fixée pour chaque concession par le cahier des charges.

Dans les parties à plusieurs voies, la largeur de chaque entre-voie doit être telle, qu'il reste un intervalle libre d'au moins cinquante centimètres entre les parties les plus saillantes de deux véhicules qui se croisent. (*Ibid.*, art. 4.)

L'autorité qui a fait la concession détermine les sections de la ligne où la voie sera établie au niveau de la chaussée avec rails noyés, en restant accessible et praticable pour les voitures ordinaires, et celle où elle reste placée sur accotement praticable pour les piétons, mais interdit aux voitures ordinaires.

Le cahier des charges de chaque concession détermine les largeurs qui doivent être réservées pour la libre circulation sur la voie publique, de telle façon que le croisement de deux voitures soit toujours assuré, l'une de ces deux voitures pouvant être le véhicule du tramway.

Les dispositions prescrites doivent d'ailleurs assurer, dans tous les cas, la sécurité du piéton qui circule sur la voie publique et celle du riverain dont les bâtiments sont en façade sur cette voie. (*Ibid.*, art. 5.)

Le concessionnaire fournit, sur les points qui lui sont indiqués, des emplacements pour le dépôt des matériaux d'entretien qui trouvaient place auparavant sur l'accotement occupé par la voie ferrée.

Lorsque, pour maintenir la voie ferrée dans les limites de courbure et de déclivité fixées par le cahier des charges ou pour maintenir le fonctionnement des services intéressés, on doit faire subir quelques modifications à l'état de la voie publique, le concessionnaire exécute tous les travaux soit à ses frais, soit avec le concours des services intéressés s'il y a lieu, conformément aux projets approuvés par l'administration.

Il opère pareillement les élargissements qui sont indispensables afin de restituer à la voie publique la largeur exigée.

Il doit maintenir l'accès, à la voie publique, des voitures ordinaires, au droit des chemins publics et particuliers, ainsi que les entrées charretières qui seraient interceptées par la voie de fer. La traversée des routes et des chemins publics et particuliers est opérée à niveau, sans que le rail forme saillie ou dépression sur la surface de ces chemins.

Le concessionnaire doit d'ailleurs prendre les dispositions nécessaires pour faciliter l'exécution des travaux qui sont prescrits ou autorisés par l'administration afin de créer de nouveaux accès soit aux chemins publics et particuliers, soit aux propriétés riveraines. (*Ibid.*, art. 6.)

Les déviations à construire en dehors du sol des routes et chemins et à classer comme annexes sont établies conformément aux dispositions arrêtées par l'autorité compétente. (*Ibid.*, art. 7.)

Le concessionnaire est tenu de rétablir et d'assurer à ses frais, pendant la durée de la concession, les écoulements d'eau qui seraient arrêtés, suspendus ou modifiés par ses travaux.

Il rétablit de même les communications publiques que l'exécution de ses travaux l'oblige à modifier momentanément. (*Ibid.*, art. 8.)

La démolition des chaussées et l'ouverture des tranchées pour la pose et l'entretien de la voie ferrée sont effectuées avec célérité et avec toutes les précautions convenables.

Les chaussées doivent être remises dans le meilleur état.

Les travaux sont conduits de manière à ne pas compromettre la liberté et la sûreté de la circulation. Toute fouille restant ouverte sur le sol des voies publiques, ainsi que tout dépôt de matériaux, est éclairée et gardée au besoin pendant la nuit jusqu'à ce que la voie publique soit débarrassée. (*Ibid.*, art. 9.)

Le cahier des charges indique si les véhicules du tramway devront s'arrêter en pleine voie pour prendre ou laisser des voyageurs ou des marchandises sur tous les points du parcours ou si, au contraire, ils ne devront s'arrêter qu'à des gares, stations ou haltes désignées, ou si enfin les deux modes d'exploitation seront combinés.

Dans les deux derniers cas, si les gares, stations et haltes n'ont pas été déterminées par le cahier des charges, elles le sont lors de l'approbation des projets définitifs par l'autorité concédante, sur la proposition du concessionnaire et après enquête.

Si, pendant l'exploitation, de nouvelles stations, gares ou haltes sont reconnues nécessaires d'accord entre l'autorité concédante et le concessionnaire, il est procédé à une enquête spéciale dans les formes prescrites par le règlement d'administration publique du 18 mai 1881, et l'emplacement en est définitivement arrêté par le préfet, le concessionnaire entendu.

Le nombre, l'étendue et l'emplacement des gares d'évitement sont déterminés par le préfet, le concessionnaire entendu ; si la sécurité l'exige, le préfet peut, pendant le cours de l'exploitation, prescrire l'établissement de nouvelles gares d'évitement ainsi que l'augmentation des voies dans les stations et aux abords des stations.

Le concessionnaire est tenu, préalablement à tout commencement d'exécution, de soumettre au préfet le projet des gares, stations ou haltes, lequel se compose :

1° D'un plan à l'échelle de 5000 indiquant les voies, les quais, les bâtiments et leurs distributions intérieures, ainsi que la disposition de leurs abords ;

2° D'une élévation des bâtiments à l'échelle d'un centimètre par mètre ;

3° D'un mémoire descriptif dans lequel les dispositions essentielles du projet sont justifiées. (*Ibid.*, art. 10.)

Nous avons vu, en parlant des acquisitions de terrains nécessaires pour l'établissement de la voie ferrée ou de ses dépendances, que les indemnités sont, en principe, à la charge du concessionnaire. Il en est de même des indemnités dues pour occupation temporaire ou pour détérioration de terrains, pour chômage, modification ou destruction d'usines, et pour tous dommages quelconques résultant des travaux (*Ibid.*, art. 11.)

Le concessionnaire est investi, dans l'intérêt de l'exécution des travaux dépendant de sa concession, de tous les droits que les lois et règlements confèrent à l'administration soit pour les expropriations de terrains ainsi que nous l'avons déjà expliqué, soit pour l'extraction, le transport ou le dépôt des terres, matériaux, etc. Il demeure en même temps soumis à toutes les obligations qui dérivent, pour l'administration, de ces lois et règlements. (*Ibid.*, art. 12.)

Dans les limites de la zone frontière et dans le rayon des servitudes des enceintes fortifiées, le concessionnaire est tenu, pour l'étude et l'exécution de ses projets, de se soumettre à l'accomplissement de toutes les formalités exigées par les lois, décrets et règlements concernant les travaux mixtes. (*Ibid.*, art. 13.)

Si la voie ferrée traverse un sol déjà concédé pour l'exploitation d'une mine, le ministre des travaux publics détermine les mesures à prendre pour que l'établissement de la voie ne nuise pas à l'exploitation de la mine et, réciproquement, pour que, le cas échéant, l'exploitation de la mine ne compromette pas l'existence de la voie ferrée.

Les travaux de consolidation à faire dans l'intérieur de la mine en raison de la traversée de la voie ferrée et tous les dommages résultant de cette traversée pour les concessionnaires de la mine, sont à la charge du concessionnaire de la voie ferrée. (*Ibid.*, art. 14.)

Si la voie ferrée s'étend sur des terrains renfermant des carrières ou les traverse souterrainement, elle ne peut être livrée à la circulation avant que les excavations qui pourraient en compromettre la solidité aient été remblayées ou consolidées.

Le ministre des travaux publics détermine la nature et l'étendue des travaux qu'il convient d'entreprendre à cet effet et qui sont d'ailleurs exécutés par les soins et aux frais du concessionnaire. (*Ibid.*, art. 15.)

Les travaux sont soumis au contrôle et à la surveillance du préfet, sous l'autorité du ministre des travaux publics. Ce contrôle et cette surveillance ont pour objet d'empêcher le concessionnaire de s'écarter des dispositions prescrites par le règlement d'administration publique du 6 août 1881 et de celles qui résultent soit du cahier des charges, soit des projets approuvés. (*Ibid.*, art. 16.)

A mesure que les travaux sont terminés sur les parties de voie ferrée susceptibles d'être livrées utilement à la circulation, il est procédé à la reconnaissance et, s'il y a lieu, à la réception provisoire de ces travaux par un ou plusieurs commissaires que le préfet désigne.

Sur le vu du procès-verbal de cette reconnaissance, le préfet autorise, s'il y a lieu, la mise en exploitation des parties dont il s'agit; après cette autorisation, le concessionnaire peut mettre lesdites parties en service et y percevoir les taxes déterminées par le cahier des charges. Toutefois ces réceptions partielles ne deviennent définitives que par la réception générale de la voie ferrée, laquelle est faite dans la même forme que les réceptions partielles. (*Ibid.*, art. 17.)

Immédiatement après l'achèvement des travaux et au plus tard six mois après la mise en exploitation de la ligne ou de chaque section, le concessionnaire doit faire faire à ses frais un bornage contradictoire avec chaque propriétaire riverain, en présence du préfet ou de son représentant, ainsi qu'un plan cadastral, des parties de la voie ferrée et de ses dépendances qui sont situées en dehors du sol des routes et chemins. Il fait dresser également à ses frais, et contradictoirement avec les agents désignés par le préfet, un état descriptif de tous les ouvrages d'art qui ont été exécutés, ledit état accompagné d'un atlas contenant les dessins cotés de tous les ouvrages.

Une expédition dûment certifiée des procès-verbaux de bornage, du plan cadastral, de l'état descriptif et de l'atlas est dressée aux frais du concessionnaire et déposée dans les archives de la préfecture.

Les terrains acquis postérieurement au bornage général, en vue de satisfaire aux besoins de l'exploitation et qui, par cela même, deviennent partie intégrante de la voie ferrée, donnent lieu au fur et à mesure de leur acquisition à des bornages supplémentaires et sont ajoutés sur le plan cadastral ; addition est également faite sur l'atlas de tous les ouvrages d'art exécutés postérieurement à sa rédaction. (*Ibid.*, art. 18.)

La voie ferrée et tout le matériel qui en dépend, doivent être constamment entretenus en bon état, de manière que la circulation y soit toujours facile et sûre.

Les frais d'entretien et ceux auxquels donnent lieu les réparations ordinaires et extraordinaires de la voie ferrée sont à la charge du concessionnaire.

Sur les sections à rails noyés où la voie ferrée est accessible aux voitures ordinaires, l'entretien du pavage ou de l'empierrement de la surface affectée à la circulation du tramway est réglé, pour chaque concession, par le cahier des charges, qui indique le service chargé d'exécuter cet entretien, ainsi que la répartition des dépenses.

Sur les sections où la voie ferrée n'est pas accessible aux voitures ordinaires, l'entretien qui est à la charge du concessionnaire, comprend la surface entière des voies, augmentée d'une zone d'un mètre, mesurée à partir de chaque rail extérieur.

Si la voie ferrée et les parties de la voie publique dont l'entretien est confié au concessionnaire ne sont pas constamment entretenues en bon état, il y est pourvu d'office à la diligence du préfet et aux frais du concessionnaire.

Le montant des avances faites est recouvré au moyen de rôles que le préfet rend exécutoires. (*Ibid.*, art. 19.)

VI.

Exploitation des tramways. — Matériel et personnel employés à cette exploitation. — Composition et marche des trains. — Taxes et conditions relatives au transport des voyageurs et des marchandises. — Interruption de la circulation.

§ 1. — Matériel et personnel employés à l'exploitation des tramways. Composition et marche des trains.

Nous nous proposons d'exposer ici les principales règles concernant le matériel et le personnel employés à l'exploitation des tramways, ainsi que la composition et la marche des trains, les taxes et conditions relatives au transport des voyageurs et des marchandises, l'interruption de la circulation.

Le matériel roulant mis en circulation sur un tramway doit passer librement dans le gabarit, dont les dimensions sont fixées conformément aux dispositions de l'article 4 du règlement d'administration publique du 6 août 1881.

D'après ces dispositions, la largeur des locomotives et des caisses des véhicules, ainsi que de leur chargement, ne peut excéder ni deux fois et demie la largeur de la voie, ni la cote *maximum* de deux mètres quatre-vingts centimètres ; la largeur extrême occupée par le matériel roulant, y compris toutes saillies, notamment celle des lanternes et des marchepieds latéraux, ne doit pas dépasser la largeur des caisses augmentée de trente centimètres.

D'un autre côté, la hauteur du matériel roulant et de son chargement ne peut excéder quatre mètres vingt centimètres pour la voie de un mètre quarante-quatre centimètres ; elle est réglée d'une manière définitive et invariable par le cahier des charges pour les voies de largeur moindre, de manière à ne pas compromettre la sécurité du public.

Entre les parties les plus saillantes de deux véhicules qui se croisent, dans les parties du tramway à plusieurs voies, il est prescrit de laisser un intervalle libre d'au moins cinquante centimètres. (Règlement d'administration publique du 6 août 1881, art. 4 et 20.)

La traction a lieu conformément aux clauses de la concession ou du cahier des charges, c'est-à-dire soit par chevaux, soit par locomotives à vapeur ou par moteur mécanique de tout autre système. (*Ibid.,* art. 20.)

Les machines locomotives doivent être construites sur les meilleurs modèles ; elles doivent satisfaire aux prescriptions des articles 7, 8, 9, 11 et 15 de l'ordonnance du 15 novembre 1846, et pour ce qui concerne spécialement leur générateur, aux dispositions du décret du 30 avril 1880.

Les types des machines employées, leur poids et leur *maximum* de charges par essieu doivent être approuvés par le préfet, sur l'avis du service du contrôle, eu égard aux besoins de l'exploitation et à la composition ainsi qu'à l'état de la voie.

Les machines doivent être pourvues de freins assez puissants pour que, lancées sur une pente de deux centimètres par mètre, avec une vitesse de vingt kilomètres à l'heure, elles puissent être arrêtées sans le secours du frein des voitures remorquées, sur un espace de vingt mètres au plus.

Les locomotives à feu ne doivent donner aucune odeur et ne doivent répandre sur la voie publique ni flammèches, ni escarbilles, ni cendre, ni fumée, ni eau excédente, le concessionnaire étant expressément responsable de tout incendie causé par l'emploi des machines à feu, soit sur la voie publique, soit dans les propriétés riveraines.

Aucune locomotive ne peut être mise en service qu'en vertu d'un permis spécial de circulation délivré par le préfet, sur la proposition des fonctionnaires chargés du contrôle, après accomplissement des formalités prescrites pour les locomotives des chemins de fer et après vérification de l'efficacité des freins, eu égard à la vitesse de la machine et à l'inclinaison de la voie. (*Ibid.*, art. 21.)

Les machines fixes et les machines locomotives de tout autre système que la machine locomotive à vapeur munie d'un foyer, doivent satisfaire aux prescriptions spéciales arrêtées par le ministre des travaux publics. (*Ibid.*, art. 22.)

Les voitures de voyageurs doivent satisfaire aux prescriptions des articles 8, 9, 12, 13, 14 et 15 de l'ordonnance royale du 15 novembre 1846. Elles sont suspendues sur ressorts et peuvent être à deux étages.

L'étage inférieur est complètement couvert, garni de banquettes avec dossiers, fermé à glace au moins pendant l'hiver, muni de rideaux et éclairé pendant la nuit; l'étage supérieur est garni de banquettes avec dossiers; on y accède au moyen d'escaliers qui sont accompagnés, ainsi que les couloirs latéraux donnant accès aux places, de garde-corps solides d'au moins un mètre dix centimètres de hauteur effective.

Sur les tramways où la traction est opérée au moyen de locomotives, l'étage supérieur est couvert et protégé à l'avant et à l'arrière par des cloisons.

Les dossiers et les banquettes doivent être inclinés, et les dossiers sont élevés à la hauteur des épaules des voyageurs.

Il peut y avoir des places de plusieurs classes; la disposition particulière des places de chaque classe est conforme aux prescriptions arrêtées par le préfet.

Les wagons destinés au transport des marchandises, des chevaux ou des bestiaux, les plates-formes, et en général toutes les parties du matériel roulant, sont de bonne et solide construction, et satisfont aux prescriptions des articles 8, 9 et 15 de l'ordonnance royale du 15 novembre 1846.

Chaque voiture sans exception est munie d'un frein puissant. (*Ibid.*, art. 23.)

Le matériel roulant et tout le matériel servant à l'exploitation sont constamment maintenus dans un bon état d'entretien et de propreté. A défaut, par le concessionnaire, de se conformer à cette obligation, il y est pourvu à ses frais, à la diligence du préfet. (*Ibid.*, art. 24.)

Le concessionnaire est tenu de prendre à ses frais, partout où la nécessité en a été reconnue par le préfet, sur l'avis du service de contrôle, et eu égard au mode d'exploitation employé, les mesures nécessaires pour assurer la liberté et la sécurité du passage des voitures et des trains sur la voie ferrée, et celles de la circulation ordinaire sur les routes et chemins que suit ou traverse la voie ferrée. (*Ibid.*, art. 25.)

Lorsqu'un atelier de réparation est établi sur la voie, des signaux doivent indiquer si l'état de la voie ne permet pas le passage des voitures ou des trains, ou s'il suffit d'en ralentir la marche. (*Ibid.*, art. 26.)

Toute voiture isolée ou tout train porte extérieurement un feu rouge à l'avant et un feu vert à l'arrière. Les fanaux sont à réflecteurs; ils sont allumés au coucher du soleil et ne peuvent être éteints avant son lever. (*Ibid.*, art. 27.)

Il est interdit d'admettre, dans les convois qui portent des voyageurs, aucune matière pouvant donner lieu soit à des explosions, soit à des incendies. (*Ibid.*, art. 28.)

Sur les tramways à traction de chevaux, le cocher doit avoir l'appareil de manœuvre du frein sous la main; il doit porter son attention sur l'état de la voie, sur l'approche des voitures ordinaires ou des troupeaux et ralentir ou même arrêter la marche en cas d'obstacles, suivant les circonstances; il doit se conformer aux signaux de ralentissement ou d'arrêt qui lui sont faits par les gardiens et ouvriers de la voie.

Il est muni d'une trompe ou d'un cornet, ou de tout autre instrument du même genre, afin de signaler son approche.

Dans les tramways à service de voyageurs, le cocher doit se trouver en communication, au moyen d'un signal d'arrêt, soit avec le receveur, soit avec les voyageurs dans les voitures où il n'y a pas de receveur. (*Ibid.*, art. 29.)

Sur les lignes de tramway à traction mécanique, la longueur des trains ne peut dépasser soixante mètres (60^m). Sous la réserve de cett condition, qui est de rigueur, tout convoi ordinaire de voyageurs doit contenir des voitures ou des compartiments de toutes classes en nombre suffisant pour le service du public.

Les machines et voitures entrant dans la composition de tous les trains sont liées entre elles par des attaches rigides avec ressorts. (*Ibid.*, art. 30.)

Les machines sont placées en tête des trains. Il ne peut être dérogé à cette disposition que pour les manœuvres à exécuter dans les stations ou pour les cas de secours; dans ces cas spéciaux, la vitesse ne doit pas dépasser cinq kilomètres à l'heure (5 kilom.).

Les trains sont remorqués par une seule machine, sauf à la montée des rampes de forte inclinaison ou en cas d'accident.

Il est, dans tous les cas, interdit d'atteler simultanément plus de deux machines à un train ; la machine placée en tête règle la marche du train, dont la vitesse ne doit jamais dépasser dix kilomètres à l'heure (10 kilom.) dans le cas d'un double attelage. (*Ibid.*, art. 31.)

Chaque machine à feu est conduite par un mécanicien et un chauffeur.

Il ne peut être employé que des mécaniciens agréés par le préfet, sur le rapport du service de contrôle.

Le chauffeur doit être capable d'arrêter la machine en cas de besoin.

Chaque train est en outre accompagné du nombre de conducteurs, gardes-freins, qui est jugé nécessaire; il y a d'ailleurs, en tous cas, sur la dernière voiture, un conducteur qui est mis en communication avec le mécanicien.

Lorsqu'il y a plusieurs conducteurs dans un train, l'un d'eux doit avoir autorité sur les autres.

Avant le départ du train, le mécanicien s'assure si toutes les parties de la locomotive sont en bon état et, particulièrement, si le frein fonctionne convenablement. Il ne doit mettre le train en marche que lorsque le conducteur chef du train a donné le signal du départ.

En marche, le mécanicien doit porter son attention sur l'état de la voie, sur l'approche des voitures ordinaires ou des troupeaux, et ralentir ou même arrêter en cas d'obstacles, suivant les circonstances; il doit se conformer aux signaux qui lui sont faits par les gardiens et ouvriers de la voie.

Il signale l'approche du train au moyen d'une trompe, d'une cloche ou de tout autre instrument du même genre, à l'exclusion du sifflet à vapeur.

Dans les tramways à service de voyageurs, le mécanicien doit se trouver en communication, au moyen d'un signal d'arrêt, soit avec le receveur ou employé, soit avec les voyageurs.

Aucune personne autre que le mécanicien et le chauffeur ne peut monter sur la locomotive, à moins d'une permission spéciale et écrite du directeur de l'exploitation de la voie ferrée. Sont exceptés de cette interdiction les fonctionnaires chargés de la surveillance. (*Ibid.*, art. 32.)

Pour les tramways à traction mécanique, le préfet détermine, sur la proposition du concessionnaire, le *minimum* et le *maximum* de vitesse des convois de voyageurs et de marchandises sur les différentes sections de la ligne, ainsi que le tableau du service des trains.

La vitesse des trains en marche ne peut dépasser vingt kilomètres à l'heure (20 kilom.). Cette vitesse, d'ailleurs, doit être diminuée dans la traversée des lieux habités, ou en cas d'encombrement de la route.

Le mouvement doit toujours être ralenti ou même arrêté toutes les fois que l'arrivée d'un train, effrayant les chevaux ou autres animaux, pourrait être la cause de désordres et occasionner des accidents.

Les trains ne peuvent stationner en dehors des gares que durant le temps strictement nécessaire pour les besoins du service.

Les locomotives ou les voitures isolées ne peuvent stationner sur les voies affectées à la circulation.

Il est expressément interdit d'effectuer le nettoyage des grilles sur la voie publique. (*Ibid.*, art. 33.)

Des machines dites de secours ou de réserve doivent, pour les tramways à traction mécanique, être entretenues constamment en feu et prêtes à partir, sur les lignes et aux points qui sont désignés par le préfet.

Il y a constamment, au lieu de dépôt des machines, une voiture chargée de tous les agrès et outils nécessaires en cas d'accident.

Chaque train doit être muni des outils les plus indispensables.

Aux stations des bureaux de contrôle et d'attente désignés par le préfet, le concessionnaire doit entretenir les médicaments et moyens de secours nécessaires en cas d'accident. (*Ibid.*, art. 34.)

Les dommages pouvant résulter pour les tiers, non seulement de la construction, mais encore de l'exploitation d'un tramway sont entièrement à la charge du concessionnaire. (*Ibid.*, art. 45.)

§ 2. — *Taxes et conditions relatives au transport des voyageurs et des marchandises.*

Les actes de concession ou les cahiers des charges autorisent les concessionnaires de tramways à percevoir, pendant la durée de la concession, des droits de péage et des prix de transport; pour les indemniser des travaux et dépenses qu'ils leur imposent. Ils en arrêtent le tarif. (Loi du 11 juin 1880, art. 4 et 29.)

Les redevances ou taxes à percevoir, en vertu de cette autorisation, dans les limites du *maximum* fixé par les actes de concession ou les cahiers des charges, sont homologuées par le ministre des travaux publics dans le cas où la ligne s'étend sur plusieurs départements et dans le cas de tarifs communs à plusieurs lignes. Elles sont homologuées par le préfet dans les autres cas. (*Ibid.*, art. 5 et 29.)

Les prix de transport ne sont dus aux concessionnaires qu'autant qu'ils effectuent eux-mêmes le transport à leurs frais et par leurs propres moyens. Dans le cas contraire, ils n'ont droit qu'aux prix fixés pour le péage. (Cahier des charges type, art. 23.)

Quand un concessionnaire juge convenable, soit pour le parcours total, soit pour les parcours partiels de la voie ferrée, d'abaisser avec ou sans conditions, au-dessous des limites déterminées par le tarif, les taxes qu'il est autorisé à percevoir, les taxes abaissées ne peuvent être relevées qu'après un délai de trois mois au moins pour les voyageurs, et d'un mois pour les marchandises.

Toute modification de tarif proposée par le concessionnaire doit être annoncée un mois d'avance par des affiches.

La perception des tarifs modifiés ne peut avoir lieu qu'avec l'homologation du ministre des travaux publics ou du préfet, selon que la concession est donnée ou n'est pas donnée par l'État.

La perception des taxes doit se faire indistinctement et sans aucune faveur.

Tout traité particulier qui aurait pour effet d'accorder à un ou plusieurs expéditeurs une réduction sur les tarifs approuvés est formellement interdit.

Toutefois, cette disposition n'est pas applicable aux traités qui interviendraient entre l'État et le concessionnaire, dans l'intérêt des services publics, ni aux réductions ou remises qui seraient accordées par le concessionnaire aux indigents.

En cas d'abaissement des tarifs, la réduction porte proportionnellement sur le péage et sur le transport. (*Ibid.*, art. 28.)

Les articles 29 et 30 du cahier des charges type déterminent les obligations des concessionnaires en ce qui touche les délais de transport des voyageurs ou des marchandises et les délais de livraison des animaux, denrées et autres objets.

Les frais accessoires non mentionnés dans les tarifs tels que ceux d'enregistrement, de chargement, de déchargement et de magasinage, dans les gares et magasins de tramway, sont fixés annuellement par le préfet, sur la proposition du concessionnaire. Il en est de même des frais de transbordement qui sont faits dans les gares de raccordement de la ligne concédée avec une ligne présentant une largeur de voie différente. (Cahier des charges type, art. 31.)

Le concessionnaire est tenu de faire, soit par lui-même, soit par un intermédiaire dont il répond, le factage et le camionnage, pour la remise au domicile des destinataires de toutes les marchandises qui lui sont confiées.

Le factage et le camionnage ne sont point obligatoires en dehors du rayon de l'octroi, non plus que pour les gares qui desservent soit une population agglomérée de moins de 3.000 habitants, soit un centre de population de 3,000 habitants situé à plus de 5 kilomètres de la gare du tramway.

Les tarifs à percevoir sont fixés par le préfet, sur la proposition du concessionnaire. Ils sont applicables à tout le monde, sans distinction.

Toutefois, les expéditeurs et les destinataires restent libres de faire eux-mêmes et à leurs frais le factage et le camionnage des marchandises. (*Ibid.*, art. 32.)

Il est interdit aux concessionnaires de faire directement ou indirectement, avec des entreprises de transport de voyageurs ou de marchandises par terre ou par eau, des arrangements qui ne seraient pas consentis en faveur de toutes les entreprises desservant les mêmes voies de communication. Le préfet doit prescrire les mesures à prendre pour assurer la plus complète égalité entre les diverses entreprises de transport dans leurs relations avec le tramway. (*Ibid.*, art. 33.)

§ 3. — *Interruption de l'exploitation.*

Si l'exploitation d'un tramway vient à être interrompue en totalité ou en partie, si le mauvais état de la voie ou du matériel roulant compromet la sécurité du public, si le mauvais entretien de la partie de la route dont le concessionnaire doit prendre soin compromet la sécurité publique, le préfet prend immédiatement, aux frais et risques du concessionnaire, les mesures nécessaires, afin d'assurer provisoirement le service.

Si dans les trois mois de l'organisation du service provisoire, le concessionnaire n'a pas valablement justifié qu'il est en état de reprendre et de continuer l'exploitation, et s'il ne l'a pas effectivement reprise, la déchéance peut être prononcée par le ministre des travaux publics, sauf recours au Conseil d'État par la voix contentieuse.

Il est pourvu, tant à la continuation et à l'achèvement des travaux, qu'à l'exécution des autres engagements contractés par le concessionnaire, au moyen d'une adjudication ouverte sur une mise à prix des travaux exécutés, des matériaux approvisionnés et des parties de la voie ferrée déjà livrées à l'exploitation.

Nul n'est admis à concourir à cette adjudication s'il n'a été préalablement agréé par le préfet.

L'adjudicataire est substitué aux charges et aux droits du concessionnaire évincé. Celui-ci reçoit de lui le prix que la nouvelle adjudication a fixé.

La partie du cautionnement qui n'a pas encore été restituée devient la propriété de l'autorité ayant fait la concession.

Si l'adjudication ouverte n'amène aucun résultat, une seconde adjudication est tentée sur les mêmes bases, après un délai de trois mois ; si cette seconde tentative reste également sans résultat, le concessionnaire est définitivement déchu de tous droits, et alors les ouvrages exécutés, les matériaux approvisionnés et les parties de la voie ferrée déjà livrées à l'exploitation appartiennent à l'autorité qui a fait la concession. (Règlement d'administration publique du 6 août 1881, art. 41.)

VII.

Modifications apportées à la concession des tramways. — Cession de la concession, fusion, etc. — Concession d'embranchements ou de prolongements. — Embranchements industriels. — Rachat, déchéance, expiration de la concession principale. — Modifications et suppression des tramways.

§ 1. — *Cession de la concession, fusion, etc.*

La cession totale ou partielle de la concession d'un tramway ou d'un réseau de tramways, la fusion de concessions ou d'administrations, le changement de concessionnaire, la substitution de l'exploitation directe à l'exploitation par concession, l'élévation des tarifs au-dessus du *maximum* fixé par l'acte de concession ou le cahier des charges, ne peuvent avoir lieu qu'en vertu d'un décret délibéré en Conseil d'État, rendu sur l'avis du conseil général, s'il s'agit de lignes concédées par les départements, ou du conseil municipal s'il s'agit de lignes concédées par les communes.

Les autres modifications peuvent être faites par l'autorité qui a consenti la concession; s'il s'agit de lignes concédées par les départements, elles sont faites par le conseil général, statuant conformément aux articles 48 et 49 de la loi du 10 août 1871 ; s'il s'agit de lignes concédées par les communes, elles sont faites par le conseil municipal, dont la délibération doit être approuvée par le préfet.

En cas de cession, l'inobservation des conditions qui viennent d'être mentionnées entraîne la nullité de la cession et peut donner lieu à la déchéance de la concession. (Loi du 11 juin 1880, art. 10 et 39.)

L'autorité qui a fait la concession d'un tramway ou d'un réseau de tramways a toujours le droit :

1° D'autoriser d'autres tramways à s'embrancher sur les lignes concédées ou à s'y raccorder ;

2° D'accorder à ces entreprises nouvelles, moyennant le paiement des droits de péage fixés par le cahier des charges, la faculté de faire circuler leurs voitures sur les lignes concédées ;

3° De racheter la concession aux conditions fixées par le cahier des charges ;

4° De modifier un tramway, de le supprimer soit entièrement, soit partiellement, dans les formes suivies pour la concession, lorsque la nécessité en a été reconnue après enquête, dans l'intérêt public, par le Gouvernement. (Loi du 11 juin 1880, art. 6 et 39. — Règlement d'administration publique du 6 août 1881, art. 1er et 44.)

§ 2. — *Concession de tramways d'embranchement ou de prolongement.*

Lorsque le Gouvernement, le département ou la commune, concède de nouvelles voies ferrées s'embranchant sur une voie ferrée déjà concédée ou se prolongeant sur cette dernière voie, non seulement le concessionnaire de la ligne principale ne peut s'opposer à l'exécution de la nouvelle ligne, mais il ne lui appartient pas de réclamer une indemnité, s'il n'en résulte aucun obstacle à la circulation, ni frais particuliers pour son entreprise.

Les concessionnaires des voies d'embranchement ou de prolongement ont la faculté, en observant les conditions relatives aux dimensions réglementaires du matériel roulant et les règlements de police et de service qui régissent la ligne principale, et moyennant l'application des tarifs du cahier des charges de cette dernière ligne, de faire circuler leurs voitures, wagons et machines, sur la ligne principale. Cette faculté est réciproque à l'égard des embranchements et prolongements.

Dans le cas où les divers concessionnaires ne réussissent pas à s'entendre sur l'exercice de la faculté dont il est question, le ministre des travaux publics statue sur les difficultés qui s'élèvent entre eux à ce sujet.

Le concessionnaire d'une voie ferrée ne saurait, toutefois, être obligé d'admettre sur les rails un matériel dont le poids se trouverait hors de proportion avec les éléments constitutifs de ses voies.

Dans le cas où un concessionnaire d'embranchement ou de prolongement joignant la ligne principale, n'use pas de la faculté de circuler sur cette ligne, comme aussi dans le cas où le concessionnaire de la ligne principale ne veut pas circuler sur les prolongements et embranchements, ces concessionnaires sont tenus de s'arranger entre eux, de manière que le service de transport ne soit jamais interrompu aux points de jonction des diverses lignes.

Celui des concessionnaires qui se sert d'un matériel qui n'est pas sa propriété, paye une indemnité en rapport avec l'usage et la détérioration de ce matériel. Dans le cas où les concessionnaires ne se mettent pas d'accord sur la quotité de l'indemnité ou sur les moyens d'assurer la continuation du service sur toutes les lignes, l'administration y pourvoit d'office et prescrit toutes les mesures nécessaires.

Le concessionnaire est tenu, si l'autorité compétente le juge convenable, de partager l'usage des stations établies à l'origine des voies de fer d'embranchement avec les compagnies concessionnaires de ces embranchements.

Il est fait un partage équitable des frais résultant de l'usage des gares et les sommes à payer par les compagnies nouvelles sont, en cas de dissentiment, réglées par voie d'arbitrage.

En cas de désaccord sur le principe ou l'exercice de l'usage des gares communes, il est statué par le ministre des travaux publics, les concessionnaires entendus. (Règlement d'administration publique du 6 août 1881, art. 47.)

§ 3. — *Embranchements industriels.*

Le concessionnaire de toute voie ferrée affectée au transport des marchandises, est tenu de s'entendre avec tout propriétaire de carrières, de mines ou d'usines qui, offrant de se soumettre aux conditions ci-après indiquées, demande un embranchement ; à défaut d'accord, le préfet statue sur la demande, le concessionnaire entendu.

Les embranchements industriels sont construits aux frais des propriétaires de carrières, de mines et d'usines, et de manière qu'il ne résulte de leur établissement aucune entrave à la circulation générale, aucune cause d'avarie pour le matériel, ni aucuns frais particuliers pour le service de la ligne principale.

Leur entretien est fait avec soin, aux frais de leurs propriétaires et sous le contrôle du préfet. Le concessionnaire a le droit de faire surveiller par ses agents cet entretien, ainsi que l'emploi de son matériel sur les embranchements.

Le préfet peut, à toute époque, prescrire les modifications qui sont jugées utiles dans la soudure, le tracé ou l'établissement de la voie des embranchements, et les changements sont opérés aux frais des propriétaires.

Le préfet peut même, après avoir entendu les propriétaires, ordonner l'enlèvement temporaire des aiguilles de soudure, dans le cas où les établissements embranchés viendraient à suspendre, en tout ou en partie, leurs transports.

Le concessionnaire est tenu d'envoyer des wagons sur tous les embranchements autorisés destinés à faire communiquer des établissements de carrières, de mines ou d'usines avec la ligne principale.

Le concessionnaire amène ses wagons à l'entrée des embranchements. Les expéditeurs ou destinataires font conduire les wagons dans leurs établissements pour les charger ou décharger, et les ramènent au point de jonction avec la ligne principale, le tout à leurs frais.

Les wagons ne peuvent d'ailleurs être employés qu'au transport d'objets et marchandises destinés à la ligne principale.

Le temps pendant lequel les wagons séjournent sur les embranchements particuliers ne peut excéder six heures lorsque l'embranchement n'a pas plus d'un kilomètre. Ce temps est augmenté d'une demi-heure par kilomètre en sus du premier, non compris les heures de nuit, depuis le coucher jusqu'au lever du soleil.

Dans le cas où les limites de temps sont dépassées, nonobstant l'avertissement spécial donné par le concessionnaire, il peut exiger une indemnité égale à la valeur du droit de loyer des wagons, pour chaque période de retard après l'avertissement.

S'il est jugé nécessaire par le préfet, statuant sur l'avis du service du contrôle, d'établir un gardien aux aiguilles d'un embranchement industriel, le traitement de cet agent est à la charge du propriétaire de l'embranchement ; mais il est nommé et payé par le concessionnaire.

Les propriétaires d'embranchements industriels sont responsables des avaries que le matériel peut éprouver pendant son parcours ou son séjour sur ces lignes.

Dans le cas d'inexécution d'une ou plusieurs des conditions énoncées ci-dessus, le préfet peut, sur la plainte du concessionnaire, et après avoir entendu le propriétaire de l'embranchement, ordonner, par un arrêté, la suspension du service et faire supprimer la soudure, sauf recours à l'administration supérieure, et sans préjudice de tous dommages-intérêts que le concessionnaire serait en droit de répéter pour la non-exécution de ces conditions.

Le concessionnaire est indemnisé de la fourniture et de l'envoi de son matériel sur les embranchements par la perception du tarif qui est fixé par son cahier des charges pour chaque kilomètre parcouru.

Tout kilomètre entamé est payé comme s'il avait été parcouru en entier.

Le chargement et le déchargement, sur les embranchements industriels, s'opèrent aux frais des expéditeurs ou destinataires, soit qu'ils les fassent eux-mêmes, soit que la compagnie du tramway consente à les opérer.

Dans ce dernier cas, ces frais sont l'objet d'un règlement arrêté par le préfet, sur la proposition du concessionnaire.

Tout wagon envoyé par le concessionnaire sur un embranchement industriel doit être payé comme wagon complet, lors même qu'il ne serait pas complètement chargé.

La surcharge, s'il y en a, est payée au prix du tarif légal et au *prorata* du poids réel. Le concessionnaire est en droit de refuser les chargements qui dépasseraient le maximum déterminé par son cahier des charges.

Ce maximum est revisé par le préfet, de manière à être toujours en rapport avec la capacité des wagons.

Les wagons sont pesés à la station d'arrivée par les soins et aux frais du concessionnaire. (Règlement d'administration publique du 6 août 1881, art. 48.)

§ 4. — *Rachat de la concession, soit par le concédant, soit par l'État, lorsque le tramway concédé par le département ou la commune, est classé par une loi dans le domaine national.*

Lorsque le concédant croit devoir racheter la concession, si les droits du concessionnaire ne sont pas réglés au moyen d'un accord préalable ou d'un arbitrage établi, soit par le cahier des charges, soit par une convention postérieure, l'indemnité qui peut lui être due est liquidée par une commission spéciale fonctionnant dans les conditions réglées par la loi du 29 mai 1845, relative au rachat des actions de jouissance des canaux. Cette commission est instituée par décret. Elle est composée de neuf membres, dont trois sont désignés par le ministre des travaux publics, trois par le concessionnaire et trois par l'unanimité des six membres déjà désignés. Faute par ceux-ci de s'entendre dans le mois de la notification à eux faite de leur nomination, le choix de ceux des trois membres qui n'ont pas été désignés à l'unanimité est fait par le premier président et les présidents réunis de la cour d'appel de Paris. (Loi du 11 juin 1880, art. 6 et 39. — Règlement d'administration publique du 6 août 1881, art. 44.)

A toute époque, une voie ferrée (chemin de fer d'intérêt local ou tramway) peut être distraite du domaine public départemental ou communal et classée par une loi dans le domaine de l'État.

Dans ce cas, l'État est substitué aux droits et obligations du département ou de la commune à l'égard des entrepreneurs ou concessionnaires, tels que ces droits et obligations résultent des conventions légalement autorisées. Si le concessionnaire est évincé, et si ses droits ne sont pas réglés par un accord préalable ou par un arbitrage établi soit par le cahier des charges, soit par une convention postérieure, l'indemnité qui peut lui être due est liquidée par une commission instituée, composée, nommée et fonctionnant comme lorsqu'il s'agit du rachat de la concession ou de la suppression, soit totale, soit partielle, du tramway. Quant aux indemnités de dédommagement qui peuvent être dues par le Trésor au département ou à la commune, elles sont déterminées par un décret délibéré en Conseil d'État. (Loi du 11 juin 1880, art. 11 et 39.)

§ 5. — *Déchéance de la concession.*

Lorsque le concessionnaire n'a pas remis au préfet tous les projets définitifs, ou n'a pas commencé les travaux dans les délais qui lui sont impartis, il encourt la déchéance. Après mise en demeure, elle est prononcée par le ministre des travaux publics, sauf recours au Conseil d'État par la voie contentieuse. (Loi du 11 juin 1880, art. 7 et 39. — Cahier des charges type, art. 20.)

Faute par le concessionnaire d'avoir poursuivi et terminé les travaux dans les délais et conditions arrêtés; faute de reprendre, après un certain délai, l'exploitation interrompue; enfin, faute d'avoir rempli les diverses obligations qui lui sont imposées par le règlement d'administration publique du 6 août 1881, ainsi que par le cahier des charges de la concession, et dans le cas de cession illégale, il encourt soit la perte partielle ou totale de son cautionnement, soit la déchéance de la concession. Il est statué à ce sujet par le ministre des travaux publics, après mise en demeure, et sauf recours au Conseil d'État par la voie contentieuse. (Loi du 11 juin 1880, art. 7 et 39. — Règlement d'administration publique du 6 août 1881, art. 41. — Cahier des charges type, art. 21.)

Quand la déchéance est prononcée, il est pourvu tant à la continuation et à l'achèvement des travaux qu'à l'exécution des autres engagements contractés par le concessionnaire, conformément à l'article 41 du règlement d'administration publique du 6 août 1881 [1].

Les dispositions que nous venons de rappeler ne seraient pas applicables et la déchéance ne serait pas encourue dans le cas où le concessionnaire n'aurait pas rempli ses obligations par suite de circonstances de force majeure. (Cahier des charges type, art. 22.)

§ 6. — *Expiration de la concession.*

L'acte de la concession en fixe la durée. Elle est ordinairement de 40 à 50 ans.

Au moment où la durée de la concession expire, le concédant est substitué à tous les droits du concessionnaire sur la voie ferrée. Cette voie doit lui être remise en bon état d'entretien. Le cahier des charges règle les droits et obligations du concessionnaire sur les objets immobiliers ou mobiliers servant à l'exploitation. (Loi du 11 juin 1880, art. 9 et 39.)

D'après l'article 17 du cahier des charges type, le concessionnaire est tenu de remettre en bon état d'entretien, non seulement tous les immeubles faisant partie du domaine public national, départemental ou communal et dépendant de la voie, mais encore tous les objets immobiliers destinés à son exploitation, tels que les barrières et clôtures, les changements de voies, plaques tournantes, réservoirs d'eau, grues hydrauliques, machines fixes, bureaux d'attente et de contrôle, etc.

Dans les cinq dernières années qui précèdent le terme de la concession, le concédant a le droit de saisir les revenus du tramway et de les employer à rétablir en bon état la voie ferrée et ses dépendances, si le concessionnaire ne se met pas en mesure de satisfaire pleinement à cette obligation.

Quant aux objets mobiliers, tels que le matériel roulant, le mobilier des stations, l'outillage des ateliers et des gares, le concédant se réserve le droit de les reprendre en totalité ou en partie dans la propor-

---

1. Voy. *Exploitation des tramways : Interruption.*

tion qu'il juge convenable à dire d'experts, mais sans pouvoir y être contraint. La valeur des objets repris est payée au concessionnaire dans les six mois qui suivent l'expiration de la concession et la remise du matériel au concédant.

Le concédant est tenu, si le concessionnaire le requiert, de reprendre, en outre, les matériaux, combustibles et approvisionnements de tout genre, sur l'estimation qui en est faite à dire d'experts ; et réciproquement, si le concédant le requiert, le concessionnaire est tenu de céder ces approvisionnements de la même manière. Toutefois, le concédant ne peut être obligé de reprendre que les approvisionnements nécessaires à l'exploitation du tramway pendant six mois. (Cahier des charges type, art. 17.)

Il appartient au concédant de ne pas admettre la subrogation dont nous venons de parler et les conséquences qu'elle entraîne. En effet, il peut exiger, à l'expiration de la concession, que la voie ferrée soit supprimée entièrement ou partiellement. Dans ce cas, le concessionnaire est obligé de mettre, à ses frais et sans avoir droit à indemnité, en bon état de viabilité, non seulement les routes, rues et chemins qui étaient empruntés par le tramway, mais encore les déviations qui lui servaient d'assiette sur certaines parties de son parcours. (Loi du 11 juin 1880, art. 55. — Cahier des charges type, art. 18.)

§ 7. — *Modifications, préjudices ou détériorations que subissent les tramways, soit dans l'intérêt général, soit par suite de l'usage ordinaire qui est fait des voies publiques qui leur servent d'assiette. — Suppression des tramways.*

Nous avons vu que l'administration peut ordonner d'office, en ce qui touche les tramways, les modifications dont l'expérience ou les changements à opérer sur les voies publiques qu'ils empruntent, font reconnaître la nécessité. Ces modifications ne donnent lieu à aucune indemnité en faveur des concessionnaires. (Règlement d'administration publique du 6 août 1881, art. 1er.)

Lorsque les pouvoirs publics compétents ordonnent ou autorisent la construction de routes nationales ou départementales, de chemins vicinaux ou ruraux, de chemins de fer ou de canaux de navigation qui doivent traverser une ligne de tramway concédée, le concessionnaire ne peut s'opposer à l'exécution des travaux ; mais toutes les mesures sont prises pour qu'il n'en résulte aucun obstacle au service de la voie ferrée ni aucun frais pour le concessionnaire. (*Ibid.,* art. 42.)

Toute exécution ou autorisation ultérieure de route, de canal, de chemin de fer, de travaux de navigation dans la contrée où est située la ligne de tramway qui a fait l'objet d'une concession, ou dans une autre contrée voisine ou éloignée ne peut donner ouverture à aucune demande d'indemnité de la part du concessionnaire. (*Ibid.,* art. 43.)

Le concessionnaire n'est admis à demander aucune indemnité :

Ni à raison des dommages que le roulage ordinaire pourrait occasionner aux ouvrages du tramway ;

Ni à raison de l'état de la chaussée et des conséquences qui pourraient en résulter pour l'entretien du tramway ;

Ni, enfin, pour une cause quelconque résultant de l'usage de la voie publique qui sert d'assiette au tramway. (*Ibid.,* art. 45.)

En cas d'interruption d'un tramway par suite de travaux exécutés sur la voie publique qu'il emprunte, le concessionnaire peut être tenu de rétablir provisoirement à ses frais les communications du tramway, soit en déplaçant momentanément les rails, soit en employant, pour la traversée de l'obstacle, des voitures ordinaires qui puissent lè tourner en suivant d'autres lignes. (*Ibid.,* art. 46.)

L'autorité qui a accordé la concession d'un tramway a toujours la faculté de le faire supprimer soit partiellement, soit intégralement, lorsque la nécessité de la mesure a été reconnue par le Gouvernement, après une enquête dans les formes prescrites pour la concession.

L'État a la même faculté à l'égard du tramway distrait du domaine départemental ou communal et classé par une loi dans le domaine national.

Dans ce cas, ainsi que dans le précédent, les droits du concessionnaire sont réglés comme lorsqu'il s'agit du rachat de la concession. (Loi du 11 juin 1880, art. 6, 11 et 39. — Règlement d'administration publique du 6 août 1881, art. 44.)

VIII.

Dépenses des tramways.

Ces dépenses sont non seulement celles qu'entraînent l'établissement, l'entretien et les réparations des tramways, l'achat, l'entretien et les réparations des objets immobiliers et mobiliers qui en dépendent, mais encore les intérêts et l'amortissement des capitaux employés dans chaque entreprise, les taxes et impôts dont elle est passible, les frais d'administration et d'exploitation auxquels elle donne lieu.

Les diverses dépenses que nous venons d'énumérer incombent aux concessionnaires, sauf certaines exceptions qui peuvent être admises par les cahiers des charges ou les conventions particulières.

Dans le cas où il n'y aurait pas concession, elles seraient en principe supportées par l'État, les départements ou les communes, selon que les tramways se trouveraient être propriétés nationales, départementales ou communales.

Nous avons indiqué les principales dépenses des tramways en exposant les règles qui concernent les acquisitions de terrains, les travaux de construction, de réparation ou d'entretien, le bornage des parties des tramways et de leurs dépendances situées en dehors des routes ou chemins, l'exploitation, la déchéance et l'expiration de la concession, les modifications apportées aux tramvays dans l'intérêt général.

Nous mentionnons ici les dépenses concernant les impôts, la surveillance et le contrôle.

Les frais d'enregistrement des conventions relatives aux concessions ou rétrocessions, ainsi que ceux des cahiers des charges y annexés, sont supportés par les concessionnaires. (Cahier des charges type, art. 41.) Ils consistent pour chaque acte de concession ou de rétrocession, comme pour chaque cahier des charges, en un droit fixe d'un franc. (Loi du 11 juin 1880, art. 24 et 39.) Il y a en outre à payer les décimes établis par les lois spéciales ou les lois de finances.

La contribution foncière grevant les dépendances de tout tramway qui sont situées en dehors des routes, rues ou chemins publics sur lesquels le tramway est établi, doit être acquittée par le concessionnaire. Il en est de même des impôts quelconques auxquels sont soumis les bâtiments et magasins servant à l'exploitation de la ligne. La contribution foncière est assise en raison de la surface occupée par les dépendances de la voie ferrée ; la cote en est calculée, comme pour les canaux, conformément à la loi du 15 floréal an XI (25 avril 1803 [1]). Les bâtiments et magasins du tramway sont assimilés, sous le rapport de

---

1. Aux termes de l'article 1er de cette loi, les canaux de navigation ne sont taxés à la contribution foncière qu'en raison des terrains qu'ils occupent, comme terre de première qualité.

l'impôt dont ils peuvent être frappés, aux propriétés bâties de la localité. (Règlement d'administration publique du 6 août 1881, art. 49.)

Le concessionnaire est assujetti à la patente (Loi du 15 juillet 1880). Il est également passible de l'impôt établi sur les prix de transport. (Loi du 11 juillet 1879.)

Il n'est pas soumis à l'impôt des prestations de la voirie vicinale ou rurale à raison des voitures et des bêtes de trait exclusivement employées à l'exploitation du tramway. (Loi du 11 juin 1880, art. 34.)

Avant la promulgation de la loi du 11 juin 1880, le concessionnaire d'un tramway pouvait être assujetti aux prestations à raison des éléments que nous venons d'indiquer (C. d'État, arr. 21 février 1879 et 5 mars 1880, commune de Mustapha ; 21 décembre 1881, commune d'Aubervilliers c. Compagnie des tramways nord-parisiens). Aujourd'hui, les voitures et les bêtes de trait d'un tramway ne sauraient donner lieu à la taxe des prestations que si, indépendamment de leur destination à l'exploitation du tramway, elles servaient à un autre usage, par exemple au camionnage ou aux travaux de l'agriculture.

Le concessionnaire d'un tramway ne peut être tenu de payer au département ou à la commune une redevance ou un droit de stationnement que s'il y a une stipulation expresse à cet égard dans l'acte de concession. (Loi du 11 juin 1880, art. 34.)

Des difficultés s'étaient élevées, antérieurement à la loi du 11 juin 1880, sur le point de savoir si une commune dans la circonscription de laquelle existait un tramway concédé pouvait, lorsque la concession accordée par le Gouvernement, la rétrocession ou le cahier des charges, ne l'autorisait pas formellement, imposer au concessionnaire l'obligation de payer un droit de stationnement au profit de la caisse municipale. La disposition législative qui vient d'être rappelée a mis un terme à ces difficultés. Elle en prévient en outre le retour.

Les frais de visite, de surveillance et de réception des travaux ainsi que ceux de contrôle de l'exploitation sont supportés par le concessionnaire.

Afin de pourvoir à ces frais, le concessionnaire est tenu de verser, chaque année, à la caisse du trésorier-payeur général du département, la somme qui est fixée par le cahier des charges de la concession par chaque kilomètre de voie ferrée concédée.

Si le concessionnaire ne verse pas cette somme aux époques fixées, le préfet rend un rôle exécutoire et le montant en est recouvré comme en matière de contributions publiques. (Règlement d'administration publique du 6 août 1881, art. 52.)

IX.

Ressources affectées aux dépenses des tramways.

Ces ressources, lorsqu'il n'y a pas concession, sont celles de l'État, des départements ou des communes avec ou sans le concours, soit de compagnies industrielles ou commerciales, soit de particuliers.

Quand les tramways sont concédés, les ressources destinées à en couvrir les dépenses proviennent ordinairement des souscriptions d'actions et d'émissions d'obligations ainsi que de subventions fournies par l'État, les départements, les communes, les compagnies ou les personnes qui veulent favoriser l'entreprise.

Aucune émission d'obligations pour une entreprise de tramway ne peut avoir lieu qu'en vertu d'une autorisation donnée par le ministre des travaux publics, après avis du ministre des finances.

Il ne peut être émis d'obligations pour une somme supérieure au montant du capital-actions, qui doit être fixé à la moitié au moins de la dépense jugée nécessaire pour le complet établissement et la mise en exploitation du tramway. Le capital-actions doit être effectivement versé, sans qu'il puisse être tenu compte des actions libérées ou à libérer autrement qu'en argent.

Aucune émission d'obligations ne doit être autorisée avant que les quatre cinquièmes du capital-actions aient été versés et employés en achat de terrains, approvisionnements sur place ou en dépôt de cautionnement.

Toutefois, les concessionnaires peuvent être autorisés à émettre des obligations, lorsque la totalité du capital-actions a été versée et s'il est dûment justifié que plus de la moitié du capital-actions a été employé dans les termes du paragraphe précédent ; mais les fonds provenant de ces émissions anticipées doivent être déposés à la Caisse des dépôts et consignations et ne peuvent être mis à la disposition des concessionnaires que sur l'autorisation formelle du ministre des travaux publics.

Les dispositions que nous venons d'indiquer dans les trois alinéas

immédiatement ci-dessus, ne sont pas applicables au cas où la concession est faite à une compagnie déjà concessionnaire d'autres voies ferrées en exploitation, si le ministre des travaux publics reconnaît que
les revenus de ces voies sont suffisants pour assurer l'acquittement des
charges résultant des obligations à émettre. (Loi du 11 juin 1880,
art. 18 et 39.)

Lors de l'établissement d'un tramway desservi par des locomotives
et destiné au transport des marchandises en même temps qu'au transport des voyageurs, l'État peut s'engager, en cas d'insuffisance du produit brut pour couvrir les dépenses d'exploitation et cinq pour cent
(5 p. 100) du capital d'établissement, tel qu'il a été prévu par l'acte de
concession et augmenté, s'il y a lieu, des insuffisances constatées pendant la période assignée par le même acte à la construction, à subvenir, pour partie, au paiement de cette insuffisance, à condition qu'une
partie au moins équivalente sera payée par le département ou par la
commune, avec ou sans le concours des intéressés.

La subvention de l'État est formée : 1° d'une somme fixe de cinq cents
francs (500 fr.) par kilomètre exploité; 2° du quart de la somme nécessaire pour élever la recette brute annuelle (impôts déduits) au
chiffre de six mille francs (6,000 fr.) par kilomètre.

En aucun cas, la subvention de l'État ne peut élever la recette brute
au-dessus de six mille cinq cents francs (6,500 fr.), ni attribuer au
capital de premier établissement plus de cinq pour cent (5 p. 100)
par an.

La participation de l'État est suspendue de plein droit quand les recettes brutes annuelles atteignent la limite ci-dessus indiquée. (Loi du
11 juin 1880, art. 36.)

La subvention de l'État ne peut être accordée que dans les limites
fixées, pour chaque année, par la loi de finances. La charge annuelle
imposée au Trésor ne peut, en aucun cas, dépasser quatre cent mille
francs (400,000 fr.) pour l'ensemble des chemins de fer d'intérêt local
et des tramways situés dans un même département. (Loi du 11 juin
1880, art. 14 et 39.)

Dans le cas où le produit brut de la ligne pour laquelle une subvention de l'État a été payée devient suffisante pour couvrir les dépenses
d'exploitation et six pour cent (6 p. 100) par an du capital de premier
établissement, la moitié du surplus de la recette est partagée entre
l'État, le département ou, s'il y a lieu, la commune et les autres inté-

ressés, dans la proportion des avances faites par chacun d'eux, jusqu'à concurrence du complet remboursement de ces avances, sans intérêts. (*Ibid.*, art. 15 et 39.)

Le règlement d'administration publique du 20 mars 1882, rendu en exécution des articles 16 et 39 de la loi du 11 juin 1880, détermine :

1° Les justifications à fournir par les concessionnaires pour établir leurs recettes et dépenses annuelles ;

2° Les conditions dans lesquelles sont fixés le chiffre de la subvention due par l'État, le département ou les communes, et, lorsqu'il y a lieu, la part revenant à l'État, au département, aux communes ou aux intéressés, à titre de remboursement de leurs avances sur le produit net de l'exploitation.

Les départements, les communes et les particuliers peuvent accorder aux concessionnaires de tramways des subventions en dehors du concours de l'État. Dans ce cas, comme dans le précédent, les subventions sont soumises aux conventions spéciales qui interviennent.

Dans tous les cas, les communes ont la faculté d'appliquer en partie aux dépenses des tramways, consistant ou non en subventions, les ressources de la vicinalité créées en vertu de la loi du 21 mai 1836, lorsqu'elles ont assuré l'exécution de leur réseau vicinal subventionné et l'entreprise de tous les chemins classés. (Loi du 11 juin 1880, art. 12 et 39.)

X.

Recettes ou produits des tramways.

Les recettes ou produits des tramways consistent principalement dans les droits de péage et les prix de transport que l'acte de concession ou le cahier des charges de l'entreprise autorise le concessionnaire ou l'exploitant à percevoir pour l'indemniser des travaux et dépenses qu'il est tenu de faire. Nous avons exposé les règles essentielles qui régissent ces péages et prix de transport en traitant des taxes et conditions relatives au transport des voyageurs et des marchandises.

XI.

Comptabilité des tramways. — États statistiques annuels. — Compte rendu de l'exploitation des tramways.

Le règlement d'administration publique du 20 mars 1882 détermine, ainsi que nous l'avons déjà fait connaître :

1° Les justifications à fournir par les concessionnaires de tramways subventionnés, conformément à la loi du 11 juin 1880 (art. 36), pour établir les recettes et les dépenses annuelles de chaque entreprise ;

2° Les conditions dans lesquelles sont fixés le chiffre de la subvention due par l'État, le département ou les communes, et, lorsqu'il y a lieu, la part revenant à l'État, au département, aux communes ou aux intéressés, à titre de remboursement de leurs avances sur le produit net de l'exploitation.

Nous croyons devoir indiquer les dispositions les plus importantes de ce règlement.

Le capital de premier établissement, qui doit servir de base à l'application de l'article 36 de la loi du 11 juin 1880, comprend toutes les sommes que le concessionnaire justifie avoir dépensées dans un but d'utilité pour l'exécution des travaux de construction proprement dits ; l'achat du matériel fixe et d'exploitation ; le parachèvement de la ligne, après sa mise en exploitation ; la constitution du capital-actions, l'émission des obligations, les intérêts des capitaux engagés pendant la période assignée à la construction par l'acte de concession ou jusqu'à la mise en exploitation, si elle a lieu avant le délai fixé. Il peut être augmenté, s'il y a lieu, des insuffisances de recettes résultant de l'exploitation partielle des sections qui seraient ouvertes pendant la période de construction. (Règlement d'administration publique du 20 mars 1882, art. 1er.)

Tout concessionnaire d'un tramway subventionné conformément à l'article 36 de la loi du 11 juin 1880, doit remettre au préfet du département, dans un délai de quatre mois à partir du jour de la mise en exploitation de la ligne entière, le compte détaillé des dépenses de premier établissement qu'il a faites jusqu'à ce jour.

Il présente, avant le 31 mars de chaque année, un compte supplémentaire de celles qu'il peut être autorisé à ne faire qu'après la mise en exploitation pour le parachèvement de la ligne ; mais en tout cas le compte de premier établissement doit être clos quatre ans au plus tard après la mise en exploitation de la ligne entière. (*Ibid.*, art. 2.)

Avant le 31 mars de chaque année, le concessionnaire remet au préfet du département un compte détaillé établi d'après ses registres et comprenant, pour l'année précédente :

1° Les produits bruts de toute nature de l'exploitation ;

2° Les frais d'entretien et d'exploitation, à moins que ces frais n'aient été déterminés à forfait par l'acte de concession ou par un acte postérieur.

Le compte d'entretien et d'exploitation ne peut comprendre aucune dépense d'établissement ni aucune dépense pour augmentation du matériel roulant. (*Ibid.*, art. 3.)

Le ministre des travaux publics détermine, après avoir pris l'avis du ministre des finances, les justifications que le concessionnaire doit produire à l'appui de ces différents comptes, dont les développements par article sont présentés conformément aux modèles arrêtés par lui. (*Ibid.*, art. 4.)

Les comptes ainsi produits par le concessionnaire sont soumis à l'examen d'une commission instituée par le ministre des travaux publics.

Dans le cas où la ligne s'étend sur plusieurs départements, il est institué une commission spéciale pour chaque département. (*Ibid.*, art. 5.)

Le concessionnaire est tenu de représenter les registres, pièces comptables, correspondances et tous autres documents que la commission juge nécessaires à la vérification des comptes. (*Ibid.*, art. 6.)

La commission adresse son rapport avec les comptes et les pièces justificatives au ministre des travaux publics, qui les examine après les avoir communiqués au ministre des finances.

Si cet examen ne révèle pas de difficultés, ou si les modifications jugées nécessaires sont acceptées par le ministre des finances, le département, les communes et le concessionnaire, le ministre des travaux publics arrête définitivement le capital de premier établissement qui doit servir de base à l'application de l'article 36 de la loi du 11 juin 1880.

Il est procédé de la même manière pour arrêter annuellement le chiffre de la subvention due par l'État, le département ou les communes et, s'il y a lieu, la part revenant à l'État, au département, aux communes ou aux intéressés, à titre de remboursement de leurs avances, sur le produit net de l'exploitation. (*Ibid.*, art 7.)

Lorsqu'il n'y a pas accord entre l'État, le département ou la commune et le concessionnaire, les comptes sont soumis, avec toutes les pièces à l'appui, à une commission supérieure instituée par le ministre des travaux publics et composée d'un conseiller d'État, président, et de six membres, dont trois au choix du ministre des finances.

Un ou plusieurs secrétaires sont attachés à la commission par arrêté du ministre des travaux publics ; ils ont voix délibérative dans les affaires dont ils sont rapporteurs.

Le président a voix prépondérante en cas de partage.

La commission adresse son rapport au ministre des travaux publics, qui statue, après avoir pris l'avis du ministre des finances, sauf recours au Conseil d'État par la voie contentieuse. (*Ibid.*, art. 8.)

En présentant son compte annuel, le concessionnaire peut demander une avance sur la somme qui lui sera due à titre de subvention. Le montant de l'avance est déterminé par le ministre des travaux publics sur le rapport de la commission locale, après communication au ministre des finances. (*Ibid.*, art. 9.)

La comptabilité de tout concessionnaire subventionné est soumise à la vérification de l'inspection générale des finances. (*Ibid.*, art. 10.)

Dans le cas où l'État n'a pris aucun engagement et où l'entreprise de tramway est subventionnée dans les conditions de l'article 36 de la loi du 11 juin 1880, mais seulement par un département ou par une commune, il est procédé à l'examen et au règlement des comptes dans les mêmes formes; mais les attributions conférées par les articles 4, 5, 7 et 9 du règlement d'administration publique du 20 mars 1882 au ministre des travaux publics sont exercées par le préfet, sans qu'il soit besoin de consulter le ministre des finances.

Lorsque les parties contestent le compte arrêté par le préfet, l'article 8 est applicable. (*Ibid.*, art 11.)

Si la subvention est donnée par le département ou la commune en capital, en terrains, en travaux ou sous toute autre forme que celle d'annuités, elle est évaluée et transformée en annuités au taux de 4 p. 100, pour l'application de l'article 36 de la loi du 11 juin 1880, aux termes duquel l'État ne peut subvenir pour partie aux insuffisances annuelles qu'à la condition qu'une part au moins équivalente sera payée par le département ou la commune. (*Ibid.*, art. 12.)

Tout concessionnaire de tramway subventionné ou non subventionné doit adresser chaque année, au préfet, des états statistiques conformes aux modèles arrêtés par le ministre des travaux publics et comprenant les renseignements relatifs à l'année entière (du 1ᵉʳ janvier au 31 décembre).

Ce travail est fait le 15 avril de chaque année au plus tard. Les renseignements fournis par le concessionnaire peuvent être publiés.

Indépendamment de ces états annuels, le compte rendu des résultats de l'exploitation, comprenant les dépenses d'établissement et d'exploitation et les recettes brutes, est remis au préfet dans le mois qui suit l'expiration de chaque trimestre. Ce compte rendu est dressé en trois expéditions destinées au préfet, au représentant de l'autorité qui a donné la concession et au ministre des travaux publics; il est publié, au moins par extraits, dans le *Journal officiel*, selon les prescriptions des articles 19 et 39 de la loi du 11 juin 1880. (Règlement d'administration publique du 6 août 1881, art. 51.)

XII.

Contentieux des tramways.

Le contentieux des tramways se divise, au point de vue juridictionnel, en contentieux administratif ou de la compétence de l'autorité administrative, et en contentieux judiciaire ou de la compétence de l'autorité judiciaire.

§ 1. — *Contentieux administratif des tramways.*

Les principales difficultés formant le contentieux administratif des tramways sont celles qui s'élèvent soit entre l'administration et les concessionnaires au sujet de l'interprétation ou de l'exécution de l'acte de concession ou du cahier des charges, soit entre l'administration, les concessionnaires ou les entrepreneurs et les particuliers, au sujet des indemnités réclamées à raison de dommages causés par les travaux de construction, de réparation ou d'entretien des tramways, par les occupations temporaires de terrains ou les extractions de matériaux faites dans l'intérêt de ces travaux, qui ont le caractère de travaux publics.

Les conseils de préfecture statuent sur ces difficultés, sauf recours au Conseil d'État. (Loi du 28 pluviôse an VIII, art. 4. — Cahier des charges type pour la concession des tramways. — Conseil d'État, arr. 23 avril 1880, Compagnie générale des tramways c. D^me Poudrel.)

Les recours contre les décisions du ministre des travaux publics prononçant la déchéance de la concession dans les cas que nous avons précédemment indiqués, appartiennent également au contentieux administratif des tramways. Ils doivent, en effet, être portés devant le Conseil d'État par la voie contentieuse. (Loi du 11 juin 1880, art. 7 et 39. — Cahier des charges type, art. 20 et 21.)

Il en est de même du recours dont peuvent être l'objet les décisions soit du ministre des travaux publics, soit des préfets statuant sur les comptes présentés par les concessionnaires des tramways subventionnés dans les cas prévus par les articles 8 et 11 du règlement d'administration publique du 20 mars 1882.

§ 2. — *Contentieux judiciaire des tramways.*

Toutes les questions de possession ou de propriété relatives aux tramways rentrent dans le contentieux de la compétence des tribunaux judiciaires.

Ce contentieux comprend en outre, en principe, les contestations soit entre deux compagnies concessionnaires, soit entre les concessionnaires et les particuliers au sujet de l'interprétation ou de l'application des cahiers des charges ou des tarifs des droits de péage et des prix de transport. (C. de cass., ch. req., arr. 26 août 1874, chemin de fer des Dombes. — C. d'Ét., arr. 11 février 1881, Compagnie des tramways nord-parisiens. — C. de cass., ch. civ., arr. 5 décembre 1882, faillite des tramways de Sèvres à Paris c. Tarbé des Sablons.)[1].

On doit encore considérer comme étant comprises dans le contentieux judiciaire les difficultés qui s'élèvent entre les entrepreneurs et les concessionnaires, autres que les départements ou les communes, en ce qui touche l'exécution des marchés passés pour la construction, la répara-

---

[1]. Certaines difficultés qui s'élèvent entre les concessionnaires de lignes principales et les concessionnaires de lignes de raccordement ou de prolongements, sont déférées au ministre des travaux publics, aux termes de l'article 47 du règlement d'administration publique du 6 août 1881. D'après l'article 48 du même règlement, c'est au préfet qu'il appartient de statuer, dans plusieurs cas, sur les contestations existant entre les concessionnaires des lignes principales et les propriétaires d'embranchements industriels. (Voy. VII, §§ 2 et 3.)

tion ou l'entretien des tramways. Les marchés, en pareil cas, sont des sous-traités dont le contentieux est judiciaire, d'après une jurisprudence constante concernant les chemins de fer et qui doit s'appliquer, par analogie, aux tramways. Mais quand, après une concession, les marchés passés pour la construction, la réparation ou l'entretien des tramways interviennent entre l'État, les départements ou les communes concessionnaires et les entrepreneurs, ils ne peuvent être assimilés à des sous-traités dont le contentieux est judiciaire, la concession ayant laissé à l'État, aux départements ou aux communes leur caractère public. Les difficultés qui s'y rattachent tombent sous l'application de l'article 4 de la loi du 28 pluviôse an VIII. Elles sont, par suite, de la compétence du conseil de préfecture, sauf recours au Conseil d'État.

Il en est ainsi des contestations relatives à l'application des tarifs des frais de péage et des prix de transport quand elles sont soulevées, non par les particuliers, mais par l'administration, à l'occasion d'avantages spéciaux stipulés à son profit. Il y a lieu, alors, à interprétation de l'acte de concession ou du cahier des charges entre le concédant et le concessionnaire, interprétation qui, comme nous l'avons expliqué dans le paragraphe précédent, fait partie du contentieux administratif.

XIII.

Contrôle et surveillance exercés à l'égard des tramways.

La construction, l'entretien et la réparation des tramways et de leurs dépendances, l'entretien du matériel et le service de l'exploitation sont soumis au contrôle et à la surveillance des préfets, sous l'autorité du ministre des travaux publics.

Les frais de ce contrôle et de cette surveillance sont, comme nous l'avons déjà dit en parlant des dépenses afférentes aux tramways, supportés par les concessionnaires. Ils sont réglés par le cahier des charges ou, à défaut, par le préfet sur l'avis du conseil général et approuvés par le ministre des travaux publics. (Loi du 11 juin 1880, art. 21 et 39. — Règlement d'administration publique du 6 août 1881, art. 52.)

Le préfet nomme les agents chargés du contrôle et de la surveillance qu'il exerce par leur intermédiaire à l'égard des tramways.

Ces agents ont notamment pour mission :

1° En ce qui concerne l'exploitation commerciale :

De surveiller le mode d'application des tarifs approuvés et l'exécution des mesures prescrites pour la réception et l'enregistrement des colis, leur transport et leur remise aux destinataires ;

De veiller à l'exécution des mesures prescrites pour que le service des transports ne soit pas interrompu aux points extrêmes de lignes en communication l'une avec l'autre ;

De vérifier les conditions des traités passés par les compagnies avec les entreprises de transport par terre ou par eau en correspondance avec la voie ferrée, et de signaler toutes les infractions au principe de l'égalité des taxes ;

De constater le mouvement de la circulation des voyageurs et des marchandises, les dépenses d'entretien et d'exploitation et les recettes ;

2° En ce qui concerne l'exploitation technique :

De vérifier l'état de la voie ferrée, des terrassements, des ouvrages d'art et du matériel roulant, et de veiller à l'exécution des règlements relatifs à la police et à la sûreté de la circulation ;

3° En ce qui concerne la police :

De surveiller la composition, le départ, l'arrivée, la marche et le stationnement des trains, l'observation des règlements de police, tant par le public que par le concessionnaire, sur les voies publiques empruntées par la voie ferrée, l'entrée, le stationnement et la circulation des voitures dans les cours et stations, l'admission du public dans les gares et sur les quais de la voie ferrée.

Les concessionnaires sont tenus de fournir des locaux convenables aux agents du contrôle spécialement désignés par le préfet. Ils sont tenus de présenter aux agents du contrôle, à toute réquisition, les registres de dépenses et de recettes relatifs à l'exploitation commerciale, ainsi que les registres d'expédition des colis.

Toutes les fois qu'il arrive un accident sur la voie ferrée, il en est fait immédiatement déclaration, par le chef de train, à l'agent de contrôle dont le poste est le plus voisin. Le préfet et le chef du contrôle en sont immédiatement informés par les soins du concessionnaire.

Outre la surveillance ordinaire, le préfet délègue, aussi souvent qu'il le juge utile, un ou plusieurs commissaires à l'effet de reconnaître et de constater l'état de la voie ferrée, de ses dépendances et de son matériel, et à l'effet d'exercer une surveillance spéciale sur tout ce qui ne rentre pas dans les attributions des agents du contrôle. (Règlement d'administration du 6 août 1881, art. 39.)

Il est tenu, dans chaque station et dans chaque bureau d'attente, un registre coté et parafé par le maire de la commune, lequel est destiné à recevoir les réclamations des personnes (voyageurs ou autres), qui auraient des plaintes à former soit contre le concessionnaire, soit contre ses agents. Ce registre est présenté à toute réquisition du public ; il est visé par les agents du service du contrôle et de surveillance administrative. (*Ibid.*, art. 53.)

XIV.

Police des tramways.

Elle a pour objet : 1° la conservation des tramways ; 2° la commodité, la liberté et la sécurité de leur usage ; 3° la commodité, la liberté et la sécurité de la circulation sur les voies de communication qu'ils empruntent ; 4° la constatation, la poursuite et la répression des contraventions, délits ou crimes qui les concernent.

§ 1. — *Police de conservation des tramways.*

La loi du 15 juillet 1845 sur la police des chemins de fer est applicable aux tramways, à l'exception des articles 4, 5, 6, 7, 8, 9 et 10. (Loi du 11 juin 1880, art. 37.)

Aux termes de l'article 2 de la loi du 15 juillet 1845, les dispositions législatives ou réglementaires sur la grande voirie ayant pour but d'assurer la conservation de la voie publique et de ses dépendances, s'appliquent aux chemins de fer. Elles sont, dès lors, également applicables aux tramways. Telles sont les dispositions qui interdisent la dégradation et l'usurpation des routes et des ouvrages qui en sont les accessoires. (Voy. l'ordonnance du 4 août 1731, l'arrêt du Conseil du 16 décembre 1759 et la loi du 29 floréal an X.)

§ 2. — *Police ayant pour objet la commodité, la liberté et la sécurité de l'usage des tramways.*

En exposant les règles relatives soit à l'entretien, soit à l'exploitation des tramways, nous avons indiqué de nombreuses mesures qui ont pour objet la commodité, la liberté et la sécurité de leur usage. Ces mesures sont prescrites aux concessionnaires ou à leurs agents.

Il est défendu à toute personne étrangère au service des tramways :

1° De déranger, altérer ou modifier, sous quelque prétexte que ce soit, les voies ferrées ou les ouvrages qui en dépendent ;

2° De stationner sur les voies ou d'y faire stationner des voitures ;

3° D'y laisser séjourner des chevaux, bestiaux ou animaux d'aucune sorte ;

4° D'y jeter ou déposer aucuns matériaux ni objets quelconques ;

5° D'emprunter les rails pour la circulation des voitures étrangères au service.

Tout conducteur de voiture doit, à l'approche d'un train ou d'une voiture appartenant au service d'un tramway, prendre en main les guides ou le cordeau de son équipage de façon à se rendre maître de ses chevaux, dégager immédiatement la voie ferrée et s'en s'écarter de manière à livrer toute la largeur nécessaire au passage du matériel de cette voie.

Tout conducteur de troupeau doit écarter les bestiaux de la voie ferrée à l'approche d'un train ou d'une voiture appartenant au service du tramway. (Règlement d'administration publique du 6 août 1881, art. 35.)

Il est défendu aux voyageurs :

1° D'entrer dans les voitures ou d'en sortir pendant la marche et autrement que par la portière réservée à cet effet ;

2° De passer d'une voiture dans une autre, de se pencher au dehors, de stationner debout sur les impériales pendant la marche.

Il est interdit d'admettre dans les voitures plus de voyageurs que ne le comporte le nombre de places indiqué dans chaque compartiment.

L'entrée des voitures est interdite :

1° A toute personne en état d'ivresse ;

2° A tous individus porteurs d'armes à feu chargées ou de paquets qui, par leur nature, leur volume ou leur odeur, pourraient gêner ou incommoder les voyageurs. Tout individu porteur d'une arme à feu doit, avant son admission dans les voitures, faire constater que son arme n'est pas chargée.

Aucun chien n'est admis dans les voitures servant au transport des voyageurs ; toutefois, le concessionnaire ou l'exploitant peut placer dans des compartiments spéciaux les voyageurs qui ne voudraient pas se séparer de leurs chiens, pourvu que ces animaux soient muselés, en quelque saison·que ce soit. (*Ibid.*, art 36.)

Les personnes qui veulent expédier des marchandises considérées comme pouvant être une cause d'explosion ou d'incendie, d'après la . classification du décret du 12 août 1874, doivent en faire la déclaration formelle au moment où elles les livrent au service de la voie ferrée.

Les expéditeurs doivent se conformer en ce qui concerne l'emballage et les marques des colis dangereux, aux prescriptions du décret précité. (*Ibid.*, art. 37.)

Des affiches placées dans les stations et dans les bureaux d'attente et de contrôle font connaître au public les heures de départ des convois ordinaires, les stations qu'ils doivent desservir, les heures auxquelles ils doivent arriver à ces stations et en partir.

Si l'exploitation de la ligne comporte des arrêts en pleine voie, afin de prendre ou de laisser soit des voyageurs, soit des marchandises, les affiches font connaître cette circonstance en n'annonçant dans ce cas que les heures de départ des gares extrêmes. (*Ibid.*, art. 38.)

Le concessionnaire est tenu ainsi que le public de se conformer aux prescriptions des arrêtés qui sont pris par les préfets pour l'exécution des dispositions qui précèdent.

Toutes les dépenses qu'entraîne l'exécution de ces prescriptions sont à la charge du concessionnaire.

Le concessionnaire est tenu de soumettre à l'approbation du préfet les règlements de service intérieur relatifs à l'exploitation de la voie ferrée.

Les règlements dont il s'agit sont obligatoires non seulement pour le concessionnaire, mais encore pour tous ceux qui obtiennent ultérieurement l'autorisation d'établir des lignes ferrées d'embranchement ou de prolongement et en général pour toutes les personnes qui empruntent l'usage de la ligne. (*Ibid.*, art. 41.)

Dans tous les cas où conformément au règlement d'administration publique du 6 août 1881, le préfet doit statuer sur la proposition du concessionnaire, celui-ci est tenu de lui soumettre cette proposition dans le délai qui a été déterminé, faute de quoi le préfet statue directement.

Si le préfet pense qu'il y a lieu de modifier la proposition du concessionnaire, il doit, dans le cas d'urgence, entendre celui-ci avant de prescrire la modification. (*Ibid.*, art. 54.)

Des exemplaires du règlement d'administration publique du 6 août 1881, ainsi que des articles de l'ordonnance royale du 15 novembre 1846, du décret du 30 avril 1880 et du décret du 12 août 1874, auxquels il se réfère, doivent être constamment affichés, à la diligence du concessionnaire, aux abords des bureaux des voies ferrées qui empruntent le sol des voies publiques ainsi que dans les salles d'attente.

Le conducteur ou receveur de toute voiture, le conducteur principal de tout train en marche sont munis d'un exemplaire du règlement. Des extraits sont délivrés, chacun pour ce qui le concerne, aux cochers, receveurs, mécaniciens, chauffeurs, gardes-freins et autres agents employés sur la voie ferrée.

Des extraits, en ce qui concerne les règles à observer par les voyageurs pendant le trajet, sont placés dans chaque caisse de voiture. (*Ibid.*, art. 55.)

§ 3. — *Police ayant pour objet la commodité, la liberté et la sécurité de la circulation ordinaire sur les voies publiques servant d'assiette aux tramways.*

Nous avons signalé, en traitant des travaux et de l'exploitation des tramways, les mesures les plus importantes qui doivent être prises par les concessionnaires ou leurs agents dans l'intérêt de la commodité, de la liberté et de la sécurité de la circulation ordinaire sur les voies publiques empruntées par les tramways.

Il appartient aux préfets de prendre des arrêtés ou d'édicter des règlements spéciaux pour compléter ces mesures ou en assurer l'exécution, arrêtés et règlements auxquels sont tenus de se conformer les concessionnaires, leurs agents et le public. (Règlement d'administration publique du 6 août 1881, art. 40.)

Il appartient également aux maires, en vertu de leurs pouvoirs de police municipale, d'obvier, par des règlements spéciaux, aux inconvénients ou dangers que présenterait, pour la circulation ordinaire, l'exploitation des tramways, dans les cas non prévus ou malgré les mesures ou précautions prescrites soit par le règlement d'administration publique du 6 août 1881, soit par les arrêtés préfectoraux. Ainsi le ministre de la guerre ayant signalé à son collègue de l'intérieur, les graves dangers auxquels les soldats étaient exposés dans certaines localités où les conducteurs des tramways n'arrêtaient pas leurs voitures quand ils rencontraient les troupes en marche, les maires de ces localités furent invités à user des pouvoirs de police conférés à l'autorité municipale, pour enjoindre, par un règlement particulier, à toute personne qui conduit une voiture ou un train à tramway de l'arrêter jusqu'à ce que les troupes en marche qu'elle rencontre soient passées. (Circulaire du ministre de l'intérieur du 16 septembre 1881.)

§ 4. — *Constatation, poursuite et répression des contraventions, délits ou crimes concernant les tramways.*

Les infractions aux dispositions législatives ou réglementaires concernant les tramways sont constatées, poursuivies et réprimées conformément à la loi du 15 juillet 1845 sur la police des chemins de fer. (Loi du 11 juin 1880, art. 37. — Règlement d'administration publique du 6 août 1881, art. 56.)

Les infractions qui rentrent dans la catégorie des contraventions de grande voirie sont constatées, poursuivies et réprimées comme les contraventions de cette nature. (Loi du 15 juillet 1845, art. 11. — Loi du 11 juin 1880, art. 37.)

Il en est de même des infractions que commettent les concessionnaires des tramways lorsqu'ils contreviennent aux clauses de leurs cahiers des charges ou aux décisions administratives prises en exécution de ces clauses, en ce qui concerne le service de la navigation, la viabilité des routes nationales, départementales et vicinales ou le libre écoulement des eaux. (Loi du 15 juillet 1845, art. 12. — Loi du 11 juin 1880, art. 37.)

Les infractions autres que celles que nous venons de mentionner dans les deux alinéas qui précèdent, sont constatées, poursuivies et réprimées conformément au Code d'instruction criminelle et au Code pénal, sauf certaines exceptions relatives à la constatation et à la répression. (Voy. loi du 15 juillet 1845, art. 16 à 25.)

La constatation des diverses infractions concernant les tramways appartient, en principe, non seulement aux officiers ordinaires de police judiciaire mentionnés dans l'article 9 du Code d'instruction criminelle, mais encore aux ingénieurs des ponts et chaussées et des mines, aux conducteurs, gardes-mines, agents de surveillance et gardes nommés ou agréés par l'administration et dûment assermentés. (Loi du 15 juillet 1845, art. 23.)

Les agents et gardes que le concessionnaire d'un tramway établit soit pour la perception des droits, soit pour la surveillance et la police de la voie ferrée et de ses dépendances, peuvent être assermentés devant le tribunal de première instance de leur domicile et sont, dans ce cas, assimilés aux gardes champêtres. Ils doivent être revêtus d'un uniforme ou être porteurs d'un signe distinctif. (Loi du 15 juillet 1845, art. 23. — Règlement d'administration publique du 6 août 1881, art. 50.)

Aux termes de l'article 12 de la loi du 15 juillet 1845, les contraventions de voirie commises par les concessionnaires des tramways dans les cas que nous avons indiqués plus haut, doivent être constatées soit par les ingénieurs des ponts et chaussées ou des mines, soit par les conducteurs, gardes-mines et piqueurs dûment assermentés.

Les tribunaux compétents pour statuer sur les infractions concernant les tramways sont, lorsque les infractions rentrent dans la catégorie des contraventions de grande voirie, les conseils de préfecture sauf recours au Conseil d'État, et, dans les autres cas, les tribunaux de simple police, les tribunaux de police correctionnelle, les cours d'appel, les cours d'assises et la Cour de cassation, selon les règles de compétence du Code d'instruction criminelle.

Les peines qui doivent être prononcées sont édictées soit par la loi du 15 juillet 1845, soit par le Code pénal.

Les règles à appliquer en ce qui touche les réparations civiles, la prescription de l'action publique et de l'action civile, la prescription des condamnations, la grâce et l'amnistie, sont celles du droit commun.